Puentes de Luz
Conexión entre los Mundos Físico y Espiritual
Morgan Assaf

Copyright © Morgan Assaf 2023

Todos los derechos reservados
Ninguna parte de este libro puede ser reproducida por ningún medio existente sin la autorización por escrito del titular del derecho de autor.

Imagen de la portada © Vellaz Studio
Revisión Marcus Assif
Proyecto gráfico Rosa Amaral
Diagramación Matheus Costa
Todos los derechos reservados a:
Luiz A. Santos

Espiritualidad

Contenido

Prólogo 4
Capítulo 1 Momentos de Conexión 7
Capítulo 2 Lugares de Conexión 13
Capítulo 3 Preparación Personal 19
Capítulo 4 Intenciones Claras 26
Capítulo 5 Señales de Respuesta 32
Capítulo 6 Las Fases de la Luna 39
Capítulo 7 La Energía del Solsticio 46
Capítulo 8 Equinoccios y Equilibrio 52
Capítulo 9 Comunicación a través de los Sueños 59
Capítulo 10 Elementos de la Naturaleza 66
Capítulo 11 Sincronicidades y Números 72
Capítulo 12 Altares Personales 79
Capítulo 13 Cristales y Conexión Espiritual 86
Capítulo 14 El Poder de las Oraciones 93
Capítulo 15 Música y Vibraciones 99
Capítulo 16 Velas y Luz Espiritual 104
Capítulo 17 Conexión con Animales Espirituales 109
Capítulo 18 Círculos de Energía 115
Capítulo 19 La Lengua de las Flores 121
Capítulo 20 El Poder de las Aguas 127
Capítulo 21 Estaciones y Renovación 133
Capítulo 22 La Conexión del Silencio 139
Capítulo 23 La Fuerza de la Visualización 145
Capítulo 24 El Papel de las Memorias 151

Capítulo 25 Rituais de Aniversário 158
Capítulo 26 A Arte como Canal Espiritual 165
Capítulo 27 La Búsqueda del Perdón.. 171
Capítulo 28 La Presencia en la Naturaleza 177
Capítulo 29 Aceptación y Continuidad...................................... 183
Epílogo 188

Prólogo

Hay secretos que esperan ser revelados, misterios que resuenan en el silencio de la noche, cuando la fina línea entre lo visible y lo invisible se disuelve. Tú, que buscas respuestas, que sientes en tu alma un llamado profundo, estás a punto de cruzar un umbral. No hay coincidencias en el camino que te ha traído hasta aquí. Este libro no es solo una obra de palabras, sino un portal, una invitación para adentrarte en el flujo silencioso que conecta los mundos.

Siempre has sabido, en algún lugar profundo de tu ser, que hay más de lo que los ojos pueden ver. Lo sientes en la brisa que trae un susurro, en la luz que danza suavemente entre los árboles, en las noches en las que el silencio lleva un significado que no se puede traducir. Y así, quizás sin darte cuenta, has buscado este momento, estas páginas que ahora se abren ante ti.

En este espacio, las enseñanzas antiguas cobran vida, mostrando que el velo que separa el mundo de los vivos del de los que han partido es más frágil de lo que pensamos. Entre los rituales del Samhain, las celebraciones del Día de los Muertos y las meditaciones bajo la luz de la luna, descubrirás que cada tradición es una llave, una puerta que se entreabre para que puedas vislumbrar aquello que ha estado oculto durante tanto tiempo. Son secretos que han resistido a los siglos, guardados con devoción por aquellos que entendieron que el adiós no es el final, sino solo una nueva forma de conexión.

En las próximas páginas, tu viaje te llevará a lugares donde las energías fluyen en ritmos sutiles, donde los vientos llevan memorias y cada sombra parece latir con una presencia antigua. Encontrarás el significado de los sueños que visitan las madrugadas, la magia de las velas que brillan en la oscuridad y los murmullos del tiempo que resuenan en cementerios y templos olvidados. Con cada palabra, el universo susurra que hay un camino de regreso, que es posible sentir el calor de aquellos que ya se han ido, incluso si ahora son solo un recuerdo en la brisa.

Para aquellos que tienen el valor de cruzar el umbral, este libro ofrece más que respuestas: ofrece un reencuentro con aquello que siempre supiste, pero que quizás habías olvidado. La comunicación entre los mundos no es un privilegio de unos pocos, sino un derecho de todos los que aman y sienten, de todos los que buscan comprender los ciclos de vida, muerte y renacimiento que marcan nuestra existencia.

Permite que cada página te guíe en esta travesía, como una vela que ilumina el camino en medio de la oscuridad. Porque, en el fondo, sabes que es hora de reencontrar aquello que se ha perdido, de sentir que la vida y la muerte bailan en un mismo compás. Y, mientras las palabras se despliegan, notarás que este libro no habla solo de lo que está más allá, sino de lo que siempre ha estado aquí, latente en tu corazón. ¿Estás listo para sentir de nuevo, para reconocer que, incluso en la ausencia, hay una presencia que nunca se ha desvanecido?

Capítulo 1
Momentos de Conexión

Hay instantes en la vida en los que el tiempo parece detenerse, donde el mundo físico y el espiritual se acercan de una manera que casi se puede sentir. Esos momentos no son casuales; en muchas culturas y tradiciones ancestrales, se cree que durante ciertos períodos del año el velo entre los dos mundos se vuelve más delgado, permitiendo una comunicación más fluida con aquellos que ya no están en este plano. Festividades espirituales, celebraciones tradicionales y los cambios de las estaciones actúan como puertas, abriendo el paso a un tipo de energía que, de otro modo, se mantendría oculta.

]El Día de los Muertos, por ejemplo, es una de estas festividades en las que la frontera entre el mundo de los vivos y el de los muertos se percibe como un río sereno y transparente. En México, las ofrendas coloridas, llenas de calaveras de azúcar, flores de cempasúchil y las fotografías de los seres queridos, se vuelven un puente tangible para que los espíritus crucen. Durante esas noches, las familias sienten que no están solas; cada vela encendida es un faro que guía a los ancestros de vuelta a casa. Esta celebración es un claro reflejo de la creencia de que la conexión entre ambos mundos es más fuerte en ciertos momentos del año.

Pero no es la única. En regiones del norte de Europa, el Samhain marca el fin de la cosecha y el inicio de un periodo oscuro, donde el tiempo mismo parece retraerse. Los antiguos celtas veían este momento como un portal, donde los límites entre lo visible y lo invisible se volvían difusos. Encendían hogueras y se vestían con máscaras para confundirse con los espíritus que caminaban entre ellos, protegiéndose de cualquier entidad maligna que pudiera colarse. A través de estos ritos, intentaban no solo honrar a sus difuntos, sino también protegerse y pedir orientación para los meses venideros.

Estas festividades no son meras celebraciones, sino puntos de encuentro con el más allá. Son oportunidades para aquellos que buscan consuelo en la idea de que el adiós no es definitivo, sino un hasta luego. En esos días y noches, la naturaleza parece colaborar: el viento sopla de una manera diferente, las sombras se alargan y la luz de la luna adquiere un matiz especial, como si la tierra respirara en sincronía con los latidos de los que ya partieron.

Las tradiciones nos recuerdan que, durante los equinoccios y solsticios, la energía del cosmos se alinea de formas particulares. Estas transiciones cósmicas son vistas como momentos propicios para la reflexión y la meditación, para recordar a quienes nos precedieron y para enviarles pensamientos llenos de amor. Es como si el cambio de las estaciones reflejara, en cierto modo, los ciclos de vida, muerte y renacimiento, abriendo un espacio para que los vivos y los muertos se comuniquen, aunque sea en silencio.

Durante estos periodos especiales, algunas personas experimentan sueños más vívidos, sienten la presencia de sus seres queridos de manera más intensa o perciben señales en la naturaleza que les recuerdan que no están solos. Una mariposa que revolotea cerca, un pájaro que se posa en la ventana, o incluso un aroma familiar que invade la habitación sin explicación aparente. Todo parece estar impregnado de una energía que sugiere que hay más de lo que podemos ver con los ojos. Es un lenguaje sutil, un susurro en la brisa, una sensación cálida que reconforta el corazón.

Al entender estos momentos de conexión, el lector se abre a la posibilidad de que la comunicación con el mundo espiritual no es un fenómeno aislado, sino un proceso que ha sido honrado por innumerables culturas a lo largo de la historia. No se trata solo de creencias religiosas, sino de una sensación intrínseca de que la vida no termina con la muerte, sino que continúa en otras formas, en otros planos. Y que nosotros, desde este lado de la existencia, podemos encontrar maneras de mantener viva esa conexión.

Los momentos de conexión no son solo oportunidades para recibir mensajes del más allá, sino también para enviar los propios. Durante estos períodos, se puede hablar con el corazón, dejar que los pensamientos fluyan hacia quienes extrañamos, confiando en que de alguna forma ellos nos escuchan. La idea de que hay un velo que, aunque delgado, separa lo terrenal de lo espiritual, nos invita a ser conscientes de la intención que ponemos en cada palabra, en cada pensamiento. En esos momentos, las lágrimas derramadas pueden ser tan significativas como las oraciones susurradas al viento.

Así, el lector comienza a entender que la conexión espiritual es más que un fenómeno extraordinario; es parte de un ciclo natural, una danza entre lo visible y lo invisible, una oportunidad para abrazar lo que no comprendemos por completo, pero que sentimos profundamente. Y, mientras el sol se oculta y las estrellas comienzan a brillar, podemos cerrar los ojos y sentir que, aunque el espacio nos separe, el amor nos une, transformando esos momentos en puentes de luz que cruzan los límites del tiempo y del espacio.

A medida que se adentra en el misterio de estos momentos de conexión, el lector descubre que hay una riqueza de tradiciones y celebraciones que han sido preservadas durante siglos, todas girando en torno a la idea de que ciertos períodos del año son más propicios para contactar con el mundo espiritual. Cada una de estas celebraciones es una puerta que nos permite entrever la relación entre la vida y la muerte, entre lo tangible y lo intangible.

El Día de los Muertos, celebrado principalmente en México, es un ejemplo emblemático. Las familias preparan altares elaborados con fotos, calaveras de azúcar, pan de muerto y las coloridas flores de cempasúchil, que se cree guían a las almas de los difuntos de regreso a sus hogares terrenales. Este día, la atmósfera cambia. Las calles se llenan de velas que iluminan el camino de los espíritus y de música que celebra la vida de aquellos que ya partieron. Las ofrendas no solo contienen comida y objetos, sino también cartas, mensajes escritos que expresan el amor y la añoranza que todavía perduran. Es como si el tiempo se detuviera, permitiendo que los vivos y los muertos compartan un mismo espacio, aunque solo sea por un breve instante.

En Europa, y particularmente en la tradición celta, el Samhain marcaba el fin de la cosecha y el comienzo del invierno, un tiempo en el que la oscuridad ganaba terreno y las noches se alargaban. Los celtas creían que en la noche de Samhain, el velo que separa el mundo de los vivos del de los muertos se volvía tan fino que los espíritus podían cruzar. Las fogatas se encendían en las colinas para protegerse de los espíritus malignos y para guiar a las almas de los ancestros. Hoy en día, esta tradición ha evolucionado en lo que conocemos como Halloween, pero su esencia sigue viva: la creencia en una noche donde lo espiritual y lo terrenal se encuentran.

Otro ejemplo es el Día de Todos los Santos, una festividad cristiana que, al igual que el Día de los Muertos, busca recordar y honrar a los que han partido. Las familias visitan los cementerios, adornando las tumbas con flores y encendiendo velas, como un símbolo de esperanza y de fe en la vida más allá de la muerte. En muchos lugares, estas velas parpadeantes iluminan las noches frías de noviembre, recordando que, aunque nuestros seres queridos ya no estén físicamente, su presencia sigue viva en nuestras memorias y corazones.

Estos momentos no se limitan a fechas específicas en el calendario; también incluyen transiciones naturales, como los solsticios y los equinoccios. El solsticio de invierno, conocido en algunas culturas como Yule, marca el día más corto y la noche más larga del año. Es un momento de introspección profunda, donde la oscuridad invita a mirar hacia adentro, a conectar con lo invisible. En cambio, el solsticio de verano, con su luz abundante, celebra la expansión, el crecimiento y la posibilidad de alcanzar nuevos horizontes, tanto en el plano físico como en el espiritual.

Son tiempos que, por su propia naturaleza, invitan a una apertura energética, una oportunidad para sentir más allá de lo cotidiano.

Además de las festividades y cambios estacionales, muchas culturas han desarrollado ritos específicos que buscan aprovechar estas energías. Por ejemplo, en la tradición japonesa del Obon, se cree que durante ciertos días de agosto, las almas de los ancestros regresan al mundo de los vivos. Las familias limpian las tumbas, colocan faroles flotantes en ríos y lagos para guiar a los espíritus de regreso y celebran danzas tradicionales, expresando el deseo de honrar a sus antepasados y mantener viva su memoria.

Cada una de estas festividades tiene su propia energía, su propio ritmo y su propio significado. Sin embargo, comparten un denominador común: la creencia de que, durante ciertos momentos del año, lo invisible se hace visible, y lo eterno se puede tocar. Estas fechas nos enseñan a mirar más allá de lo evidente, a sentir la presencia de aquellos que amamos, incluso cuando ya no podemos verlos. Nos recuerdan que hay un orden en la naturaleza que va más allá de nuestro entendimiento, un ciclo continuo de vida, muerte y renacimiento que se refleja tanto en las estaciones como en nuestras propias vidas.

La energía que se despliega en estos momentos es diferente a la de los días comunes. Las noches se cargan de una sensación de misticismo, como si el aire mismo estuviera impregnado de una vibración que nos invita a reflexionar, a escuchar y a sentir con el corazón abierto. Las personas más sensibles pueden percibir este cambio de manera más intensa: un escalofrío suave, una emoción repentina, o incluso la certeza de que alguien querido está cerca, acompañando desde otro plano.

Estos períodos especiales son ventanas que nos permiten enviar y recibir mensajes de una manera más directa. Es como si el universo mismo se alineara para facilitar el contacto, ofreciendo a los vivos la oportunidad de expresar sus sentimientos y a los espíritus la posibilidad de responder a través de sueños, visiones y sensaciones. Sin embargo, para captar estos mensajes, es necesario estar atento, abrir los sentidos y dejar de lado la duda. La conexión espiritual requiere confianza en lo que no se puede medir ni explicar del todo, una aceptación de que hay más de lo que nuestros ojos pueden ver.

Así, la exploración de estos momentos va mucho más allá de la mera curiosidad cultural o histórica. Es una invitación a participar de un diálogo ancestral, a sentir que, aunque el tiempo y la distancia nos separen de nuestros seres queridos, hay algo que trasciende, que permanece y que nos permite seguir comunicándonos. A medida que el lector profundiza en el significado de estas épocas, comienza a entender que cada celebración, cada cambio estacional, es un recordatorio de que la conexión entre los mundos no está rota, solo transformada. Y que al aprovechar la energía de estos momentos, se puede enviar un mensaje que cruza el velo, una voz que, con la fuerza del amor y la intención, puede ser escuchada en el más allá.

Capítulo 2
Lugares de Conexión

En el transcurso de la vida, hay lugares que parecen contener una energía distinta, una vibración que va más allá de lo tangible. Son espacios que, a través de generaciones, han sido considerados como puntos de encuentro entre lo humano y lo divino, entre lo visible y lo invisible. Estos sitios, que varían desde templos antiguos hasta bosques frondosos, han sido testigos de incontables historias de conexión espiritual. Aquellos que buscan comunicación con el mundo más allá de los sentidos encuentran en ellos portales hacia lo que está más allá de la vida cotidiana.

En la cima de una montaña, por ejemplo, donde el aire es más ligero y la tierra parece acercarse al cielo, muchos han encontrado un lugar ideal para entrar en sintonía con sus pensamientos más profundos y con la presencia de seres queridos que ya no están. La altura y la inmensidad del paisaje crean una sensación de cercanía con lo divino, como si desde allí las voces de los que ya partieron pudieran ser escuchadas con más claridad. Las montañas, desde tiempos ancestrales, han sido vistas como lugares sagrados, donde el mundo de los dioses y los espíritus se cruza con el nuestro.

Los bosques, con su silencio profundo y la sombra de sus árboles, son otro ejemplo de estos lugares de conexión. En muchas culturas, los árboles son considerados guardianes de secretos antiguos, seres que, a lo largo de siglos, han absorbido la energía de la tierra y del cielo. Caminar entre ellos, sentir el crujido de las hojas bajo los pies y respirar el aire fresco del bosque, puede ser una experiencia de profunda introspección, un momento en el que el alma se siente acompañada. En la tranquilidad de los bosques, las oraciones parecen adquirir una resonancia especial, como si cada palabra fuera absorbida por las raíces y devuelta al cielo a través de las ramas.

Cementerios y mausoleos también ocupan un lugar especial en el mapa de la conexión espiritual. Lejos de ser vistos solo como lugares de tristeza, estos espacios se perciben, en muchas tradiciones, como puertas que conectan lo físico con lo espiritual. En algunas culturas, las tumbas son adornadas con flores, velas y objetos personales, convirtiéndose en un altar improvisado donde los vivos y los muertos pueden encontrarse a través de la memoria y el sentimiento. La energía que emana de estos lugares es diferente, como si cada lápida, cada nombre grabado en la piedra, guardara un eco de las vidas que pasaron por allí. Sentarse junto a la tumba de un ser querido, hablarle en silencio o simplemente dejar un objeto significativo es una manera de mantener viva la conexión.

Existen también lugares naturales donde la energía fluye de manera especial, como los ríos, lagos y fuentes de agua. El murmullo de un arroyo, el vaivén tranquilo de las olas en un lago, tienen una capacidad única para calmar el alma y abrir el corazón. En la corriente del agua, muchos han sentido que sus pensamientos y emociones se deslizan hacia lo desconocido, llevando con ellos mensajes y deseos. En la antigüedad, era común que las personas arrojaban pequeñas ofrendas al agua, confiando en que la corriente llevaría sus mensajes hasta sus seres queridos en el más allá. El agua, con su naturaleza de transformación y fluidez, es vista como un mensajero entre mundos, un medio que conecta el pasado y el presente, lo tangible y lo etéreo.

Algunos templos antiguos, construidos con piedras milenarias, también son considerados portales energéticos. No importa la religión que los haya erigido; en esos muros de piedra, en esos altares desgastados por el tiempo, se percibe una energía acumulada a lo largo de los siglos, una resonancia que trasciende la historia y la fe. Son lugares donde las plegarias de generaciones pasadas aún parecen flotar en el aire, donde el silencio se siente como un susurro de otros tiempos. Visitar estos templos, caminar por sus corredores, sentir la frescura de las sombras, puede despertar en el corazón una sensación de conexión con algo que está más allá de la vida cotidiana, con aquello que yace al otro lado del velo.

La elección de un lugar para intentar esta conexión espiritual no es algo que deba tomarse a la ligera. Cada persona siente afinidad por distintos entornos, y lo que para unos puede ser un espacio sagrado, para otros puede no despertar la misma energía. Es importante dejarse guiar por la intuición y por las sensaciones personales. Al caminar por un bosque, al sentarse junto a un río o al encender una vela en un cementerio, el buscador de lo espiritual puede detenerse un momento y preguntarse: ¿Qué siento aquí? ¿Este lugar me invita a abrir mi corazón y mis pensamientos? A veces, la respuesta llega como una calidez en el pecho, un escalofrío leve, o simplemente una paz que invade el alma.

No es necesario viajar a tierras lejanas para encontrar estos lugares de conexión. A veces, un rincón del hogar, donde se pueda colocar una vela y una fotografía, donde las memorias fluyan con naturalidad, puede convertirse en un espacio sagrado. Una ventana por la que entra la luz de la mañana, un jardín donde crece una planta en memoria de un ser querido, son ejemplos de espacios cotidianos que pueden transformarse en portales de conexión espiritual.

El secreto está en la intención, en la disposición de crear un espacio en el que el alma pueda hablar y escuchar, en el que los pensamientos y los sentimientos fluyan con libertad hacia el ser querido que se extraña. Al entender la importancia de los lugares de conexión, el lector comienza a ver el mundo que lo rodea con otros ojos, reconociendo que la tierra, el agua, las piedras y los árboles son más que simples elementos naturales; son testigos de nuestras vidas y de nuestras pérdidas, compañeros silenciosos que nos ayudan a enviar nuestras voces más allá del horizonte de la muerte.

En la quietud de ciertos lugares, hay una energía que parece envolverlo todo, una vibración que nos invita a detenernos, a escuchar y a sentir con el corazón. Estos espacios sagrados, ya sean templos, bosques, montañas o incluso rincones íntimos de nuestros hogares, no solo ofrecen un entorno físico para la conexión espiritual, sino que también tienen la capacidad de amplificar la energía necesaria para que nuestras intenciones y pensamientos crucen los límites de lo terrenal.

La preparación del lugar es un arte en sí mismo, un ritual que puede transformar cualquier espacio en un portal de comunicación espiritual. El uso de velas es una práctica común y poderosa. Las llamas simbolizan la luz en medio de la oscuridad, la esperanza que guía a los espíritus de regreso a nuestros corazones. Al encender una vela con una intención clara, se establece un faro que, se dice, es percibido por aquellos que ya no están con nosotros. La elección del color de la vela puede potenciar aún más la intención: las velas blancas son símbolos de pureza y conexión con la luz, las velas azules invocan la calma y la paz, mientras que las velas violetas se asocian con la transformación y la elevación espiritual.

El uso de incienso es otro recurso valioso para preparar el ambiente. Desde tiempos antiguos, las resinas y hierbas quemadas han sido utilizadas para limpiar energéticamente los espacios y crear un entorno propicio para la meditación y la introspección. El aroma del incienso, que se eleva como un suspiro hacia el cielo, purifica el aire y nos ayuda a enfocar la mente, facilitando la apertura del corazón. Los aromas de sándalo, mirra y palo santo son especialmente recomendados, ya que se dice que su fragancia invita a los espíritus benevolentes y crea un ambiente de serenidad y respeto.

Los cristales también tienen un papel fundamental en la preparación del espacio. Cada piedra posee una vibración única que puede resonar con nuestras emociones y pensamientos. La amatista, por ejemplo, es conocida por su capacidad para calmar la mente y abrir el tercer ojo, facilitando la conexión con el mundo espiritual. El cuarzo rosa, con su energía suave y amorosa, es ideal para enviar mensajes llenos de ternura a un ser querido. La selenita, una piedra que refleja la pureza de la luz, se utiliza para limpiar el espacio y elevar la energía del entorno. Colocar estos cristales alrededor de una vela o de una fotografía del ser querido puede crear un círculo de protección y canalizar la intención de la comunicación.

La música meditativa es otro elemento que puede transformar el ambiente. Melodías suaves, campanas tibetanas y frecuencias binaurales ayudan a sintonizar el espacio con la vibración adecuada, creando un puente sonoro entre lo terrenal y lo espiritual. Estas notas, que parecen fluir como un río tranquilo, guían la mente hacia un estado de receptividad y apertura, donde las barreras del pensamiento racional se desvanecen y se deja espacio para la percepción de lo invisible. Es como si la música abriera un canal en el que las palabras ya no son necesarias, permitiendo que la comunicación fluya de manera más intuitiva y sutil.

La naturaleza también es una gran aliada en la preparación de estos espacios. La presencia de plantas, flores frescas y elementos naturales puede intensificar la energía de un lugar. Las flores, especialmente aquellas cargadas de significado, como las rosas, los lirios y los crisantemos, son ofrendas que reflejan la belleza efímera de la vida y la esperanza de un reencuentro en algún otro plano. Colocar flores junto a una vela o en un altar casero no solo embellece el entorno, sino que también lleva consigo la intención de ofrecer algo puro y lleno de vida a aquellos que ya no están.

El agua, con su fluidez y capacidad de limpiar, puede ser usada para crear un ambiente de calma y renovación. Colocar un recipiente con agua limpia junto a una vela, añadiendo algunas gotas de esencia de lavanda o pétalos de flores, simboliza la purificación de los pensamientos y la claridad de la mente antes de enviar un mensaje espiritual. Se dice que el agua refleja no solo nuestro rostro, sino también nuestras emociones, y que su superficie tranquila puede ser un espejo donde se encuentran nuestras intenciones más profundas.

La preparación del espacio también implica un respeto por la energía del lugar. Antes de comenzar cualquier práctica de comunicación espiritual, es esencial tomarse un momento para sentir el lugar, para reconocer su historia y su esencia. Puede ser útil realizar una limpieza energética, usando un manojo de hierbas como el romero, la ruda o la salvia, que se queman suavemente mientras se recitan palabras de agradecimiento y protección. Este acto no solo purifica el ambiente, sino que también le demuestra al lugar que se lo considera un aliado en el proceso de conexión.

Todo este proceso de preparación crea un entorno donde lo sagrado y lo cotidiano se entrelazan, donde lo espiritual se vuelve más tangible. Cuando el lector aprende a sentir la energía de estos lugares, comprende que la comunicación espiritual no es simplemente un acto de hablar o escuchar, sino un diálogo con el espacio mismo. Es una experiencia en la que el viento que acaricia las hojas de los árboles, la luz que entra por una ventana o la llama de una vela que parpadea son respuestas que el universo ofrece a quienes buscan una conexión más allá de las fronteras de lo visible.

Al preparar y reconocer la energía de estos lugares, se cultiva la sensibilidad necesaria para percibir la presencia de los seres queridos, para sentir su cercanía como una caricia en el alma. La atmósfera se convierte en un compañero, en un escenario dispuesto para que las palabras no dichas fluyan y para que el amor que persiste atraviese el velo, encontrando una forma de llegar hasta donde los lazos nunca se rompen, solo se transforman. Es en estos espacios sagrados, cuidadosamente preparados, donde la magia de la conexión se hace posible, y donde el lector puede descubrir que la distancia entre los mundos no es tan grande como parecía.

Capítulo 3
Preparación Personal

La preparación de uno mismo antes de intentar cualquier forma de comunicación espiritual es tan esencial como la preparación del lugar. El alma y el cuerpo son como un instrumento que necesita ser afinado para poder captar las sutiles vibraciones del otro lado. En este proceso, el equilibrio interno y la elevación de la propia energía se vuelven fundamentales, ya que cada pensamiento y emoción pueden influir en la calidad de la conexión. La pureza de la intención y la disposición a abrirse a lo desconocido son los pilares que sostienen cualquier intento de comunicación espiritual.

El primer paso hacia esta preparación es la meditación. La meditación no es solo una práctica para calmar la mente, sino una puerta que permite a la consciencia trascender los límites del pensamiento ordinario. Al concentrarse en la respiración, cada inhalación se convierte en una invitación a la paz, y cada exhalación libera las tensiones y los pensamientos que pesan en el cuerpo. En este estado de calma, la mente se vuelve como un lago sereno, donde las intuiciones y las percepciones más sutiles pueden emerger sin la interferencia de la mente inquieta. La meditación permite que el espíritu se eleve, sintonizándose con frecuencias más altas, aquellas en las que las almas que ya partieron se comunican.

El alineamiento de los chakras, los centros energéticos del cuerpo, es otro aspecto crucial de esta preparación. Los chakras son como ruedas de energía que, cuando están equilibradas, permiten un flujo libre de energía a lo largo del cuerpo. Al enfocar la atención en cada chakra, desde la raíz hasta la corona, se puede sentir cómo se despiertan, cómo cada uno responde a la intención de apertura y claridad. El chakra del corazón, Anahata, es especialmente importante en este proceso, ya que es el centro que conecta el amor humano con el amor universal, la llave que abre la puerta a la comunicación con los seres queridos que ya no están en el plano físico. Al trabajar en su apertura, se crea un canal a través del cual las emociones pueden ser transmitidas y recibidas.

La limpieza energética es un componente que no debe ser ignorado. Las experiencias diarias, las preocupaciones y las tensiones acumuladas en el cuerpo y la mente pueden crear bloqueos que dificultan la conexión espiritual. La limpieza energética puede realizarse de diversas maneras: con baños de hierbas, donde la lavanda, el romero y la sal marina ayudan a liberar las cargas emocionales, o utilizando la técnica de visualización, imaginando una luz blanca que rodea el cuerpo, limpiando cada rincón de la mente y del alma. A medida que la luz atraviesa el cuerpo, se lleva consigo cualquier sombra de duda, cualquier emoción que pueda interferir con la claridad de la comunicación.

Otro aspecto fundamental en la preparación personal es la intención. La intención no es solo un pensamiento pasajero; es la fuerza que dirige la energía hacia un propósito específico. Antes de intentar enviar un mensaje a un ser querido, es esencial tomarse un momento para reflexionar sobre la intención de la comunicación. ¿Se busca expresar amor, pedir perdón, ofrecer consuelo o simplemente sentir su presencia? Al definir esta intención con claridad, se le da a la mente un objetivo preciso, una dirección que guiará cada palabra, cada pensamiento y cada emoción durante el proceso de conexión.

El autocuidado físico también es parte de esta preparación. Un cuerpo sano y descansado es un vehículo más receptivo para la energía espiritual. Comer de manera equilibrada, beber agua pura y descansar lo suficiente son formas de mantener la vibración elevada. El cuerpo y el espíritu están profundamente interconectados, y cuando uno de ellos está en desequilibrio, el otro también sufre las consecuencias. Practicar ejercicios suaves como el yoga o el tai chi ayuda a mantener el cuerpo flexible y la mente tranquila, lo que facilita la conexión espiritual al liberar la tensión que se acumula en los músculos y en la respiración.

La práctica del agradecimiento es una herramienta poderosa para preparar el alma. Antes de intentar cualquier comunicación, tomarse un momento para agradecer la oportunidad de conectar, la presencia de aquellos que amamos, y la vida misma, eleva la vibración del corazón. Esta actitud de gratitud abre un espacio de humildad y respeto hacia lo desconocido, permitiendo que la conexión se establezca desde un lugar de amor genuino. Es en la gratitud donde la mente se aquieta y el corazón se expande, creando un puente invisible entre los mundos.

La pureza de la intención también implica un respeto profundo por los seres a los que uno intenta contactar. No se trata de exigir una respuesta, sino de abrir un canal de comunicación basado en el amor y el respeto mutuo. Al enviar un mensaje, se debe aceptar que la respuesta puede no llegar de la forma esperada, y que el silencio también es una forma de comunicación. A veces, la respuesta está en la sensación de paz que sigue a la práctica, en la certeza de que, aunque no haya palabras, la conexión ha sido establecida de alguna forma misteriosa.

La preparación personal es un proceso continuo. Cada vez que se intenta una conexión espiritual, el buscador se transforma, aprende a sintonizarse con la energía sutil del universo y a confiar en la voz interior que guía sus pasos. Es un camino que requiere paciencia y constancia, un aprendizaje sobre cómo sentir la vida más allá de la vida, y cómo escuchar el eco de un amor que no conoce barreras. Al prepararse de esta manera, el lector se acerca al misterio con el respeto y la devoción necesarios, entendiendo que cada intento de comunicación no es solo un deseo de hablar con aquellos que ya no están, sino un acto de amor profundo, de recordar y de mantener viva la conexión con lo eterno.

La preparación personal para la conexión espiritual no se limita a una actitud abierta y un corazón dispuesto; también requiere el uso de técnicas específicas que permitan elevar la vibración y sintonizar la mente y el cuerpo con las frecuencias más sutiles del universo. En este camino, las meditaciones y ejercicios de alineación juegan un papel central, sirviendo como herramientas que ayudan a preparar el alma para recibir y enviar mensajes a los seres queridos que ya no están en este plano físico.

Una de las meditaciones más efectivas para este propósito es la meditación del corazón luminoso. Este ejercicio se centra en la visualización de una esfera de luz cálida que se enciende en el centro del pecho, en el chakra del corazón. A medida que se respira profunda y lentamente, esa esfera de luz crece, expandiéndose desde el centro del cuerpo y envolviendo a la persona en un halo de energía amorosa. Se puede imaginar cómo esta luz dorada se conecta con un ser querido en el plano espiritual, extendiéndose como un rayo suave que atraviesa el velo que separa los mundos. Esta luz no solo calma el corazón, sino que también actúa como un puente de energía, un canal a través del cual los sentimientos y las intenciones pueden fluir hacia el otro lado.

La respiración es otro pilar fundamental en las prácticas de alineación. La técnica de la respiración en cuatro tiempos, también conocida como respiración cuadrada, es particularmente útil para calmar la mente y enfocar la energía. Consiste en inhalar contando hasta cuatro, sostener la respiración por otros cuatro segundos, exhalar de manera suave en cuatro tiempos y, finalmente, mantener los pulmones vacíos durante cuatro segundos antes de volver a inhalar. Este ciclo repetido lentamente no solo ayuda a aquietar la mente, sino que también crea un ritmo interno que facilita la conexión con las energías espirituales, preparando el cuerpo y la mente para la sintonización necesaria.

Para aquellos que desean intensificar la conexión con sus seres queridos, la meditación de encuentro es una práctica poderosa. Se recomienda realizarla en un lugar tranquilo, donde la persona no sea interrumpida. Al cerrar los ojos, el meditador visualiza un lugar seguro, un entorno que le inspire calma y serenidad, como un jardín lleno de flores, una playa tranquila o un bosque bajo la luz del atardecer. En ese lugar imaginado, la persona se encuentra con su ser querido, observando su rostro, sintiendo su presencia. No se trata de buscar una conversación verbal, sino de abrir el corazón y permitir que las emociones fluyan de forma natural. En este espacio imaginario, se pueden compartir sentimientos, escuchar en silencio y sentir la calidez del reencuentro. Aunque la experiencia sea interna, su impacto emocional es profundo, y a menudo se siente una sensación de paz y de cercanía después de la meditación.

El uso de mantras también es una herramienta valiosa para elevar la energía y abrir el canal de comunicación. Un mantra es una palabra o frase que se repite de forma rítmica para enfocar la mente y elevar la vibración. Los mantras antiguos, como el "Om Mani Padme Hum", o el simple "Om", tienen un poder vibratorio que resuena con las frecuencias del universo, creando un entorno propicio para la conexión espiritual. Sin embargo, también se pueden crear mantras personales, que reflejen la intención de la persona, como "Estoy en paz, siento tu presencia", o "Mi amor cruza el tiempo y el espacio". Al repetir estos mantras, la mente se alinea con la intención, y la energía del pensamiento se expande hacia el universo.

La visualización es otro aspecto fundamental en estas prácticas. Visualizar una luz brillante que desciende desde el universo y se posa suavemente sobre la cabeza, recorriendo el cuerpo como un río de energía pura, es una forma de limpiar los bloqueos energéticos y abrir los canales espirituales. A medida que la luz desciende, cada chakra se ilumina y se libera de tensiones, hasta que el cuerpo se siente ligero, como si flotara en un océano de paz. En este estado de relajación profunda, se puede visualizar cómo el mensaje dirigido al ser querido se envuelve en esa luz y se eleva, como un susurro que se pierde entre las estrellas. Esta imagen poderosa refuerza la intención de conexión y ayuda a establecer un vínculo emocional con aquellos que ya no están.

La práctica de la atención plena, o mindfulness, también complementa estas técnicas de meditación y alineación. Se trata de aprender a estar presente en cada momento, observando los pensamientos y sentimientos sin juzgarlos, dejando que fluyan como nubes en el cielo. La atención plena permite que la mente se libere de la ansiedad y el apego, preparándola para recibir las impresiones sutiles que pueden surgir durante el proceso de comunicación espiritual. Sentir la textura del suelo bajo los pies, escuchar el sonido del viento, o percibir el calor del sol sobre la piel se convierte en una forma de anclar la consciencia en el presente, desde donde la conexión espiritual se hace más accesible.

Para aquellos que buscan una conexión aún más profunda, los ejercicios de visualización guiada pueden ser de gran ayuda. Estos ejercicios consisten en imaginar un espacio de luz en el que se invita al ser querido a entrar, visualizando cómo su forma se hace presente y cómo la comunicación fluye de manera natural. A través de estos encuentros mentales, el dolor de la separación se transforma en una oportunidad de expresar lo no dicho, de sentir la cercanía y de comprender que la energía de un amor verdadero trasciende la muerte.

Cada una de estas prácticas requiere constancia y paciencia. No se trata de alcanzar resultados inmediatos, sino de cultivar una relación con lo espiritual que se basa en la confianza y en la apertura del corazón. A medida que el lector practica estas técnicas, descubre que la comunicación espiritual no es un acto extraordinario, sino un proceso natural que surge cuando se crean las condiciones adecuadas. Es un diálogo silencioso que se siente más que se escucha, una forma de saber que el amor sigue fluyendo, aun cuando el otro ya no está presente en cuerpo, pero sí en alma.

Así, el lector se adentra en un mundo donde lo visible y lo invisible se tocan, y donde la paz de la conexión reemplaza la angustia de la ausencia. Las meditaciones y las prácticas de alineación se convierten en un camino hacia la comprensión de que, aunque el cuerpo muera, la esencia de los seres que amamos sigue viva, como una estrella que brilla desde la distancia, recordándonos que el amor es el lenguaje eterno que trasciende todas las fronteras.

Capítulo 4
Intenciones Claras

Al embarcarse en el camino de la comunicación espiritual, uno de los aspectos más importantes es la claridad de las intenciones. Las intenciones son como faros en la oscuridad, guiando la energía y dirigiéndola hacia su propósito. Sin una intención definida, los pensamientos y los sentimientos pueden dispersarse en el vasto océano del mundo espiritual, perdiendo fuerza y dirección. Es por esto que, antes de intentar conectar con un ser querido en el más allá, se debe dar el tiempo necesario para definir la intención con la que se desea establecer el contacto.

La claridad de la intención no solo facilita la transmisión del mensaje, sino que también ayuda a preparar el corazón para recibir lo que pueda llegar de vuelta. En la tradición de diversas culturas espirituales, se cree que los pensamientos claros y enfocados tienen un poder especial, pues su energía se proyecta con mayor intensidad. Cada pensamiento es como una onda que se propaga, y cuanto más puro y enfocado sea, más lejos puede llegar. Cuando uno se sienta a meditar, a rezar, o a simplemente pensar en un ser querido, es vital tener un propósito claro en mente: ¿Qué se desea comunicar? ¿Qué se espera recibir? ¿Qué emociones se quieren compartir?

Las intenciones pueden ser variadas. A veces, se trata de un simple deseo de sentir la presencia del ser querido, de experimentar esa conexión que trasciende la ausencia física. Otras veces, la intención puede ser más específica: pedir perdón, expresar gratitud, ofrecer un mensaje de consuelo. En cada caso, es esencial tomarse un momento para centrar la mente y el corazón en esa intención, dejando que las palabras surjan desde lo más profundo del alma, sin apresurarse, dejando que la emoción fluya libremente.

Una forma efectiva de aclarar las intenciones es a través de la visualización. Imaginar cómo la energía del pensamiento se transforma en una luz que se eleva y viaja hacia el ser querido puede ayudar a enfocar el propósito. Al visualizar esta luz, se puede agregar una cualidad emocional específica: la calidez de un abrazo, la serenidad de una sonrisa, el brillo de un recuerdo compartido. Cada detalle de esta visualización refuerza la claridad de la intención y la hace más palpable, más real.

Es importante también recordar que las intenciones deben ser sinceras. No se trata de imponer deseos o de exigir respuestas, sino de abrirse al flujo natural de la comunicación. Las intenciones más poderosas son aquellas que surgen desde un lugar de autenticidad y amor, sin expectativas rígidas. Cuando se envía un pensamiento a un ser querido con el corazón abierto, se permite que el mensaje sea recibido en su forma más pura, y que la respuesta, si es que llega, se manifieste de la manera que deba manifestarse.

Para algunos, puede ser útil expresar estas intenciones en voz alta, como una forma de darles vida. Al pronunciar las palabras, la vibración del sonido se mezcla con la energía del pensamiento, creando un puente entre lo tangible y lo intangible. Las palabras pronunciadas con amor y respeto resuenan en el espacio que nos rodea, y se dice que, de alguna forma, esas vibraciones pueden ser percibidas en otros planos de existencia. Es como lanzar una piedra a un estanque: las ondas que se crean se expanden hacia todas las direcciones, llevando con ellas la esencia de la intención.

Otra práctica es escribir las intenciones, un acto que permite organizar los pensamientos y profundizar en lo que realmente se desea comunicar. Al escribir, se puede observar cómo cada palabra toma forma y se convierte en un reflejo de las emociones más profundas. Este proceso de escribir permite también descubrir pensamientos ocultos que, tal vez, no habían sido reconocidos antes. Las intenciones escritas pueden ser guardadas en un lugar especial, junto a una vela o una fotografía del ser querido, como un recordatorio tangible de ese lazo que trasciende la distancia.

El respeto por el proceso también es esencial. Las intenciones claras no solo facilitan la comunicación, sino que también demuestran un respeto profundo por el ser querido y por el misterio de la vida y la muerte. Al acercarse a este tipo de conexión, uno debe ser consciente de que está abriendo un canal sagrado, un espacio que requiere de humildad y sensibilidad. No se trata de controlar el resultado, sino de confiar en que la energía que se envía encontrará su camino, y que cualquier respuesta que llegue será la adecuada para ese momento.

La práctica de la meditación, combinada con la repetición de afirmaciones, puede ayudar a fortalecer las intenciones. Afirmaciones como "Envuelvo este mensaje en amor y paz", o "Estoy en armonía con el universo y con aquellos que amo" ayudan a que la mente se enfoque y a que el corazón se mantenga abierto. Estas frases no solo refuerzan la intención, sino que también preparan el campo energético para que la comunicación fluya sin obstáculos.

Al finalizar el proceso de establecer las intenciones, es importante tomarse un momento para sentir la paz que trae la claridad. Respirar profundamente, visualizar la intención como una semilla que ha sido plantada en el universo, y confiar en que esa semilla crecerá de la forma que debe crecer. En la confianza y la serenidad, el lector encuentra la calma necesaria para seguir adelante, sabiendo que ha hecho su parte, y que el amor es la fuerza que cruza todas las fronteras, incluyendo aquellas que nos separan de los seres que han cruzado el umbral hacia el más allá.

De esta manera, la claridad de las intenciones se convierte en una brújula que guía al alma en su viaje hacia lo desconocido, permitiendo que cada mensaje enviado sea un reflejo puro del amor y del deseo de conexión. En el silencio de la mente y la luz del corazón, la comunicación se hace posible, y el lazo que une a los mundos se fortalece, recordándonos que, aunque la muerte ponga distancia, el amor siempre encuentra un camino para manifestarse.

La escritura tiene el poder de transformar los pensamientos y las emociones en algo tangible, algo que podemos ver y tocar, algo que perdura más allá de lo efímero de nuestras ideas. En el contexto de la comunicación espiritual, escribir se convierte en un acto sagrado, un ritual donde cada palabra es un hilo que teje un puente hacia aquellos que ya no están en el plano físico. A través de la escritura, el lector puede organizar sus sentimientos, darles forma y enviarlos como un mensaje claro y profundo hacia el ser querido que desea alcanzar.

El primer paso de este ritual consiste en escribir una carta dirigida al ser querido. No hay reglas estrictas sobre lo que debe contener; lo más importante es la autenticidad. Puede ser una carta para expresar gratitud por los momentos compartidos, para pedir perdón por aquello que quedó sin resolver, o simplemente para contarle cómo han sido los días desde su partida. La escritura de esta carta se convierte en un acto de entrega, donde las barreras de la racionalidad se disuelven y el corazón habla con sinceridad.

Mientras se escribe, es normal que las emociones afloren. Puede que las lágrimas acompañen cada palabra o que una sonrisa surja al recordar un momento feliz. Todas estas emociones forman parte del proceso y deben ser acogidas sin juzgar. Cada sentimiento que se plasma en el papel es una forma de liberar el peso del alma, de transformar la nostalgia en un puente hacia el otro lado. La carta, de este modo, no solo es un mensaje, sino un medio de sanación, un espacio donde se honra el amor y la conexión que siguen vivos.

Una vez finalizada la carta, el ritual continúa con una reflexión sobre lo que se ha escrito. Se invita al lector a releer sus propias palabras, a sentir cómo cada frase resuena en su interior. Este acto de lectura es un diálogo consigo mismo y con el ser querido. Es como escuchar la propia voz y, al mismo tiempo, sentir que esa voz se extiende más allá de lo visible, alcanzando a quien fue destinatario de las palabras. Durante esta reflexión, es posible que surjan nuevos pensamientos o que se experimente una sensación de alivio y paz.

La forma en que se envía la carta también forma parte del ritual. Existen varias maneras de hacerlo, y cada una tiene un simbolismo especial. Una de las más tradicionales es quemar la carta. Al hacerlo, las palabras se convierten en humo que asciende hacia el cielo, liberando el mensaje en el aire. Mientras la llama consume el papel, se puede visualizar cómo las palabras se transforman en energía que vuela hasta el ser querido, como un susurro llevado por el viento. Este acto de quemar la carta simboliza la transformación de lo material en lo espiritual, un gesto de entrega y desapego.

Otra opción es enterrar la carta bajo un árbol o en un jardín. La tierra, con su energía de renovación y crecimiento, recibe el mensaje y lo convierte en parte de la naturaleza. Este tipo de ritual es especialmente poderoso para aquellos que sienten una conexión profunda con la tierra y que encuentran consuelo en la idea de que la naturaleza actúa como un puente entre los mundos. Al enterrar la carta, se puede decir una oración o una frase de despedida, agradeciendo por la oportunidad de expresar lo que el corazón guardaba.

Una tercera manera de enviar el mensaje es dejándolo en un río, un lago o el mar, permitiendo que la corriente lo lleve. La simbología del agua es fuerte: representa el flujo de la vida, el ciclo eterno de nacimiento y muerte, y la capacidad de limpiar y renovar. Soltar la carta en el agua es un gesto de confianza, de dejar ir el control y aceptar que la corriente llevará el mensaje hasta donde deba llegar. Mientras la carta flota y se aleja, el lector puede imaginar que su contenido se disuelve en el agua, transformándose en un susurro que viaja con las olas.

Cada una de estas opciones tiene su propio significado, y el lector debe elegir la que más resuene con su alma. Lo importante es la intención que acompaña al acto, la sinceridad del mensaje y la disposición de dejar ir, de confiar en que las palabras llegarán a su destino, aunque ese destino esté más allá de lo que nuestros ojos pueden ver. En este proceso, la escritura y el acto de liberar el mensaje se convierten en un ritual de comunicación y de sanación, donde el presente y el pasado se entrelazan en un abrazo invisible.

Para quienes prefieren guardar la carta, esta también puede ser colocada en un lugar especial, como un altar o una caja de recuerdos. Este acto simboliza la intención de mantener el mensaje cercano, como un recordatorio de que la conexión con el ser querido sigue viva y presente en la vida cotidiana. Guardar la carta puede ser un gesto de respeto hacia la memoria de quien partió, un testimonio de que el amor y la conexión trascienden las barreras del tiempo.

El ritual de escritura y reflexión es, al final, un encuentro con la propia alma. No se trata solo de intentar comunicar un mensaje al más allá, sino de permitirse sentir, de recordar que el amor que se ha compartido no desaparece, sino que se transforma en formas que escapan a la lógica. Es una forma de decirle al corazón que está bien sentir la ausencia, pero que también está bien recordar, agradecer y seguir adelante. Cada palabra escrita es una ofrenda de luz, una forma de mantener viva la esperanza de que, en algún lugar más allá de las estrellas, nuestras voces son escuchadas y responden con un eco de amor.

Capítulo 5
Señales de Respuesta

La comunicación con el mundo espiritual es, por naturaleza, sutil y enigmática. No siempre se manifiesta a través de palabras claras o visiones nítidas; a menudo, sus respuestas llegan de maneras delicadas, casi como un susurro que roza el alma. Estos signos, estas señales, son la forma en la que el universo y los seres queridos que han partido responden a nuestras intenciones y a los mensajes que les enviamos. Aprender a reconocer estas señales es como afinar un instrumento: se necesita paciencia, sensibilidad y una disposición abierta para recibir lo inesperado.

Uno de los medios más comunes por los que los seres queridos pueden responder es a través de los sueños. Desde tiempos antiguos, los sueños han sido considerados un puente entre lo visible y lo invisible, una ventana a través de la cual las almas pueden cruzar para entregar mensajes. En esos momentos de descanso profundo, la mente se relaja, y el alma se libera de las ataduras de la lógica, abriéndose a experiencias que escapan a la razón. Muchas personas han experimentado sueños en los que un ser querido aparece, sonriendo, diciendo algunas palabras de consuelo, o simplemente estando presente, como si la distancia entre los mundos se desvaneciera por un instante.

Estos sueños, sin embargo, tienen una cualidad diferente a los sueños comunes. Suelen dejar una sensación de paz al despertar, una certeza de que aquello que se ha vivido no fue solo una creación de la mente, sino un encuentro real. A veces, los detalles del sueño se desvanecen rápidamente, pero queda una emoción persistente, un sentimiento de haber estado en contacto con algo más allá de lo tangible. Reconocer estos sueños requiere de sensibilidad, de aprender a confiar en las emociones que nos dejan y en la intuición que nos dice que ese encuentro fue más que un simple sueño.

Otra forma en la que los seres queridos pueden responder es a través de sincronicidades, esos eventos que parecen coincidir de manera significativa y que, a primera vista, podrían parecer casuales. Las sincronicidades son como guiños del universo, pequeños momentos en los que lo espiritual y lo físico se alinean para crear un mensaje. Puede ser la aparición de una canción que era especial para ambos justo en un momento de tristeza, una mariposa que se posa en la ventana en un día significativo, o un número que se repite insistentemente en los relojes y las matrículas de los coches. Estos eventos tienen un poder emocional que los hace resaltar entre la rutina diaria, como si algo o alguien intentara captar nuestra atención.

Las sincronicidades suelen llegar cuando uno se encuentra pensando en el ser querido, cuando se busca una señal de que la conexión sigue presente. No siempre son evidentes de inmediato; a veces, la mente racional trata de descartarlas como coincidencias sin importancia. Sin embargo, cuando se les presta atención, es como si una nueva dimensión de la realidad se abriera, una en la que los pensamientos, las emociones y los eventos externos se entrelazan de maneras que nos hablan directamente al corazón. Estas señales nos invitan a salir de la rigidez de la lógica y a aceptar que hay más fuerzas en juego de las que podemos entender plenamente.

Las respuestas también pueden manifestarse a través de cambios sutiles en el entorno. Muchas personas han sentido una brisa inesperada en una habitación cerrada, un perfume familiar que de repente llena el aire, o la sensación de una mano ligera sobre el hombro cuando no hay nadie más cerca. Estos fenómenos pueden parecer extraños para la mente racional, pero para quienes buscan una conexión espiritual, son recordatorios de que la presencia de los seres queridos no se ha desvanecido del todo. La energía de aquellos que amamos puede manifestarse en estos pequeños cambios, como si intentaran decirnos que siguen acompañándonos, aunque de una forma distinta.

Algunas señales de respuesta pueden llegar a través de objetos. Un reloj que se detiene en una hora significativa, una pluma que aparece en un lugar inesperado, o un objeto que pertenecía al ser querido que de repente llama nuestra atención, pueden ser interpretados como mensajes. Estos objetos parecen cargarse de un simbolismo especial, como si fueran un medio de comunicación tangible, un recordatorio de la conexión que persiste. Recogerlos y colocarlos en un lugar especial puede ayudar a reforzar la sensación de cercanía y a mantener viva la conexión con lo invisible.

Sin embargo, para poder reconocer y recibir estas señales, es esencial cultivar una actitud de apertura y de presencia. La mente que se encuentra atrapada en las prisas y las preocupaciones diarias difícilmente percibirá los matices de lo sutil. Por eso, el primer paso para recibir las respuestas del más allá es desacelerar, aprender a estar presente y a observar el entorno con la misma curiosidad con la que un niño mira el mundo. A veces, es necesario preguntarse: ¿qué es lo que he estado pidiendo al universo? ¿Qué señales estoy dispuesto a aceptar como respuesta? Dejar espacio para el misterio es fundamental, porque las respuestas a menudo llegan en formas que no esperamos.

En este proceso de apertura, la confianza en la propia intuición se convierte en una guía valiosa. La intuición es esa voz interior que nos dice cuándo algo tiene un significado especial, cuando un evento aparentemente trivial nos toca de una manera que no podemos explicar. Escuchar a la intuición es como escuchar una melodía suave que suena por encima del ruido de lo cotidiano. Al hacerlo, el lector descubre que la conexión con los seres queridos no es solo un acto de enviar mensajes, sino de aprender a percibir y a interpretar las respuestas que llegan de maneras inesperadas.

A medida que uno se familiariza con estas señales de respuesta, se desarrolla una forma de comunicación que trasciende las palabras y se basa en la emoción y la percepción. Es una danza sutil entre lo que se desea expresar y lo que se está dispuesto a recibir, un intercambio que nos recuerda que la muerte no es el final de los lazos que nos unen, sino una transformación de esos lazos, una invitación a seguir escuchando con el corazón. Cada señal, por pequeña que sea, nos recuerda que el amor sigue presente, que la presencia de quienes partieron sigue viva en los detalles que iluminan nuestro camino.

Una vez que se ha abierto el corazón y la mente a la posibilidad de recibir señales de los seres queridos que ya no están en este plano, surge un nuevo desafío: el de interpretar estas señales, de darles un sentido que vaya más allá de la simple coincidencia. La interpretación de estas manifestaciones sutiles es un arte que requiere paciencia, intuición y la disposición de aceptar que no todo lo que se percibe tendrá una explicación clara o inmediata. Sin embargo, es precisamente en este proceso de búsqueda y reflexión donde se fortalece la conexión con el mundo espiritual.

Uno de los primeros pasos para interpretar las señales es mantener un diario de sueños y sincronicidades. Este diario es un espacio personal donde se pueden anotar los sueños en los que aparece el ser querido, las emociones que esos sueños evocan, y cualquier detalle que parezca relevante, como palabras, lugares o sensaciones. Al releer estos registros con el tiempo, es posible descubrir patrones, mensajes recurrentes o símbolos que tienen un significado especial para el lector. Los sueños en los que los seres queridos transmiten mensajes suelen ser más vívidos, dejando una huella emocional que persiste después de despertar. Anotar estas experiencias ayuda a darle forma a lo que muchas veces escapa a la comprensión inmediata, convirtiéndolo en un mapa de las visitas nocturnas del alma.

Las sincronicidades, por su parte, pueden ser más difíciles de entender a primera vista, pero no por ello menos significativas. Cada vez que un número, una canción o un evento aparentemente aleatorio toca el corazón con una sensación de familiaridad o de conexión, es útil anotarlo en el diario, junto con los pensamientos o sentimientos que surgieron en ese momento. ¿Qué estaba pensando cuando vi ese número repetido? ¿Qué emoción me causó esa canción que apareció en la radio? Las respuestas no siempre son obvias, pero con el tiempo, este proceso de observación consciente puede revelar un patrón, un lenguaje secreto que el universo utiliza para hablarnos.

Los símbolos que aparecen en los sueños y en la vida cotidiana a menudo tienen significados personales que resuenan con la historia de cada persona. Por ejemplo, un pájaro específico que aparece repetidamente podría ser un recordatorio de un ser querido que amaba la libertad, o una flor particular podría evocar recuerdos de momentos compartidos. En otras ocasiones, los símbolos pueden tener un significado más universal: el agua suele representar la purificación y la renovación, la luz simboliza la esperanza, y un camino abierto puede ser visto como un signo de guía y protección. Al observar estos símbolos, el lector debe confiar en su intuición, permitiéndose interpretar lo que siente sin limitarse a significados predefinidos.

La interpretación de las señales también requiere aprender a escuchar el propio cuerpo, que a menudo se convierte en un receptor de las energías que llegan del más allá. Un escalofrío, una sensación de calidez repentina en el pecho, o incluso una lágrima que brota sin razón aparente pueden ser respuestas emocionales a la presencia de un ser querido. Estas sensaciones físicas son formas en las que el cuerpo nos habla, indicando que algo más profundo está ocurriendo, que hay una comunicación que se está dando más allá de las palabras. La mente tiende a buscar explicaciones lógicas, pero en este camino, es importante permitir que el cuerpo y el corazón guíen la interpretación, confiando en que esos sentimientos son parte del diálogo invisible con el otro lado.

Para aquellos que desean una comprensión más profunda de los sueños y las señales, puede ser útil explorar el significado de ciertos arquetipos que se repiten en la simbología espiritual.

Por ejemplo, la aparición de un puente en un sueño puede simbolizar el cruce de un umbral entre lo físico y lo espiritual, un lugar de encuentro entre los mundos. Las escaleras pueden indicar un proceso de elevación o acercamiento a una dimensión superior. Estos arquetipos, presentes en muchas culturas y tradiciones, actúan como mapas que nos ayudan a entender los mensajes que llegan de formas más abstractas. Sin embargo, es importante recordar que, aunque estas interpretaciones generales pueden ser útiles, cada experiencia es única, y el verdadero significado de un símbolo reside en la relación personal que el lector tiene con él.

La naturaleza, con su lenguaje propio, es otro canal a través del cual se pueden recibir mensajes. La aparición repentina de un animal, el comportamiento inusual de una planta, o incluso la forma en que el viento sopla en un momento de meditación pueden ser interpretados como respuestas. La conexión con la naturaleza es un reflejo de la conexión con lo espiritual, ya que ambos hablan a través de los ciclos, de los ritmos y de los detalles que, a simple vista, pueden pasar desapercibidos. Al interpretar estas manifestaciones, el lector debe preguntarse qué le hace sentir esa experiencia y cómo resuena con su búsqueda de conexión.

A medida que se avanza en este camino de interpretación, es esencial mantener una actitud de humildad y apertura. No siempre se encontrará un significado claro, y eso está bien. A veces, el valor de una señal radica más en la sensación de consuelo que brinda que en una explicación concreta. El hecho de sentir que algo o alguien está respondiendo ya es un indicio de que la conexión sigue viva, de que el lazo de amor no se ha roto, sino que ha tomado una nueva forma. La interpretación de las señales es una forma de mantener viva la esperanza, de recordar que el diálogo con los seres queridos continúa, aunque ahora sea más sutil, más ligado a la percepción del alma.

Para muchos, el proceso de interpretar las señales se convierte en una forma de meditación diaria, un momento para detenerse y reflexionar sobre la presencia de lo espiritual en la vida cotidiana. Este acto de detenerse, de observar y de escribir lo que se siente y se percibe, no solo permite encontrar respuestas, sino que también ayuda a transformar el dolor de la pérdida en una experiencia de comunión. Es como si, al interpretar las señales, el lector se permitiera hablar con el silencio, escuchar lo que hay detrás de las coincidencias y sentir que, a través de cada pequeño gesto del universo, hay un mensaje que viene desde el otro lado.

Así, la interpretación de las señales se convierte en un arte, una forma de lectura que no se hace con los ojos, sino con el corazón. Es una manera de descubrir que la vida y la muerte no son opuestas, sino parte de un mismo ciclo, de un mismo flujo de energía que conecta a todos los seres. Y aunque a veces la mente no pueda entender por completo el significado de cada sueño o cada sincronicidad, el alma sabe que cada señal es un recordatorio de que el amor sigue siendo el hilo que nos une, más allá de cualquier frontera.

Capítulo 6
Las Fases de la Luna

Desde tiempos inmemoriales, la luna ha sido vista como una guía silenciosa, una guardiana de los ritmos ocultos que conectan a la tierra con los misterios del universo. Su luz pálida, reflejada en las noches, ha sido testigo de rituales, plegarias y meditaciones de aquellos que buscan una conexión más profunda con el mundo espiritual. Las fases de la luna, con su danza entre la oscuridad y la plenitud, se han considerado puertas energéticas que influyen no solo en los ciclos de la naturaleza, sino también en nuestras emociones y en la manera en que nos relacionamos con lo intangible.

La luna nueva, cuando su rostro queda oculto en el cielo, marca el inicio de un ciclo, un momento en el que el cosmos se retrae hacia sí mismo, preparando el terreno para nuevas intenciones. Esta fase es ideal para sembrar las semillas de nuestros deseos, para iniciar procesos de introspección y para enviar mensajes al mundo espiritual que buscan nuevos comienzos. Es una etapa de silencio y renovación, en la que la oscuridad de la luna invita a mirar hacia adentro, a explorar las profundidades de nuestras emociones y a formular pensamientos que, como semillas, crecerán en las semanas siguientes. Aquellos que desean conectar con un ser querido pueden aprovechar la luna nueva para enviar mensajes de despedida, de inicio de un nuevo ciclo de aceptación, o simplemente para expresar la esperanza de un reencuentro más allá de la muerte.

A medida que la luna crece hacia su fase creciente, la energía se expande y se fortalece, acompañando el proceso de manifestación de las intenciones sembradas. Esta fase es un momento propicio para fortalecer la conexión con los seres queridos, para reafirmar los pensamientos y deseos enviados durante la luna nueva. Es como regar las semillas que se plantaron en la oscuridad, dándoles el impulso necesario para que broten hacia la luz. La luna creciente invita a la acción, a mantener viva la intención y a reforzar el vínculo con aquellos que ya no están en el plano físico. Este es un momento para encender velas, realizar meditaciones de conexión y sentir cómo la energía que crece en la luna también crece en el corazón, creando un puente más sólido hacia lo espiritual.

Luego, la luna llena irrumpe en el cielo con su brillo deslumbrante, inundando la noche de luz plateada y transformando el paisaje en un reflejo de su esplendor. En esta fase, la luna se convierte en un espejo del alma, revelando aquello que ha estado oculto y amplificando las emociones. La luna llena es conocida por su poder de conexión, ya que actúa como un amplificador de la energía, un momento en el que la línea entre lo visible y lo invisible se difumina. Es el momento perfecto para establecer una comunicación más directa con los seres queridos, para enviar mensajes de amor, gratitud y consuelo. En la luz de la luna llena, se pueden realizar rituales de apertura de corazón, visualizando cómo la luz de la luna baña cada palabra y pensamiento, cargándolos de energía antes de enviarlos al universo.

Durante esta fase, muchas personas experimentan una mayor sensibilidad, sueños más vívidos y la sensación de que el mundo espiritual está más cercano. Las emociones se intensifican, y es común sentir una conexión más profunda con la naturaleza y con los seres que han partido. La luna llena es un momento para dejarse llevar por la intuición, para abrir los brazos a las señales y para recibir, sin miedo, cualquier mensaje que el universo tenga para dar. La luz de la luna se convierte en un símbolo de guía y protección, un faro que nos recuerda que no estamos solos en la oscuridad.

A medida que la luna comienza a menguar, su luz se reduce lentamente, y el cielo vuelve a sumergirse en sombras. Esta fase de la luna menguante es un momento de liberación y de cierre, una oportunidad para soltar aquello que ya no sirve, para dejar ir los apegos y los dolores. Es un periodo ideal para reflexionar sobre lo que se ha logrado y sobre los mensajes recibidos, y para agradecer por la conexión establecida. La luna menguante nos invita a limpiar el espacio energético, a liberar las emociones estancadas y a preparar el alma para un nuevo ciclo de crecimiento.

En esta fase, quienes buscan comunicarse con un ser querido pueden aprovechar la energía de la luna menguante para pedir claridad y para desprenderse de las dudas o miedos que dificultan la conexión espiritual. Es un buen momento para realizar rituales de limpieza, como quemar hierbas o utilizar cristales que absorban la negatividad. Este proceso de soltar permite que el alma se sienta más ligera, más preparada para recibir la paz que ofrece el silencio de la luna nueva que pronto llegará.

Cada una de estas fases lunares refleja un ciclo de vida, muerte y renacimiento que resuena con los ritmos de la existencia humana y con la relación que tenemos con nuestros seres queridos fallecidos. La luna, con su constante cambio, nos recuerda que nada es permanente, que todo se transforma y renueva, y que, al igual que sus ciclos, la vida y la muerte son parte de un mismo flujo, de una misma danza cósmica. Entender las fases de la luna y cómo influyen en nuestra energía y en nuestra sensibilidad nos permite sincronizar nuestros propios ritmos internos con los del universo, creando así un espacio de mayor receptividad para la comunicación espiritual.

Los antiguos sabían que la luna tiene el poder de influir en las mareas, en los ciclos de crecimiento de las plantas y en los flujos de la vida misma. Hoy, al redescubrir esta conexión, el lector se da cuenta de que la luna también puede ser un aliado en su búsqueda de comunicación con lo que ha sido y lo que aún es, aunque en una forma distinta. Cada fase lunar es una invitación a explorar una parte diferente de la conexión espiritual, a descubrir que la luz que se refleja en la superficie de la luna también se refleja en nuestras almas, iluminando el camino que lleva hacia quienes nos han precedido.

La comprensión de estas fases permite que cada persona encuentre el momento adecuado para enviar sus pensamientos y recibir las respuestas que puedan venir. No se trata de forzar un contacto, sino de fluir con los ritmos naturales, de aceptar que cada fase lunar trae consigo un mensaje y una oportunidad. La luna se convierte, entonces, en una maestra silenciosa, enseñándonos que en la variación de sus ciclos hay una sabiduría profunda, un recordatorio de que, aunque la oscuridad nos envuelva en algunos momentos, la luz siempre regresa, como la esperanza de volver a sentir la cercanía de aquellos que amamos, aunque sea a través de un susurro entre las estrellas.

Los rituales lunares son una forma antigua y poderosa de alinear la intención personal con las energías cósmicas que fluyen con cada fase de la luna. Desde culturas ancestrales hasta la práctica espiritual moderna, la luna ha sido vista como una mediadora entre los mundos, una guía que, con su luz y su sombra, nos invita a entrar en contacto con lo sagrado. Aprovechar las fases de la luna para realizar rituales nos permite no solo fortalecer la conexión con nuestros seres queridos que han partido, sino también profundizar en nuestro propio proceso de sanación y transformación.

El ritual de la luna nueva se centra en la creación de un espacio de introspección y de siembra de intenciones. Durante esta fase, el cielo nocturno carece de la luz lunar, lo que simboliza un vacío fértil, un espacio en el que todo puede ser creado. Para realizar este ritual, el lector puede preparar un altar sencillo con elementos que representen el renacimiento y el comienzo, como una vela blanca, un cuenco con agua fresca y un cristal de cuarzo transparente, que simboliza la claridad de las intenciones. En la penumbra de la luna nueva, se invita a escribir una carta en la que se plasmen las intenciones para el nuevo ciclo: deseos de paz, mensajes de despedida, o incluso un simple pensamiento de amor dirigido al ser querido que ha partido.

Una vez escrita la carta, el lector puede sostenerla entre las manos y, con los ojos cerrados, visualizar cómo su mensaje se convierte en una pequeña semilla de luz. Esa luz, envuelta en energía amorosa, se proyecta hacia el universo, confiando en que llegará a su destino. La carta puede ser guardada en un lugar especial, como un altar, o enterrada bajo la tierra, simbolizando la siembra de esa intención que crecerá con el paso de las semanas. Este ritual no solo permite establecer un lazo con el ser querido, sino también plantar la semilla de un nuevo comienzo en el corazón del propio buscador.

La fase de la luna creciente, cuando la luz comienza a expandirse, es un momento perfecto para realizar rituales de fortalecimiento de la conexión. Es un tiempo para nutrir las intenciones plantadas, para mantener viva la esperanza y la fe en la comunicación espiritual. Un ritual adecuado para esta fase es encender una vela verde, que simboliza el crecimiento y la vitalidad, y acompañarla con una meditación en la que se imagine la intención como una planta que comienza a germinar, cuyas raíces se extienden hacia el ser querido y cuyas hojas buscan la luz del cielo.

Durante la luna creciente, también es beneficioso rodearse de cristales que potencien la conexión, como la amatista, que ayuda a abrir el tercer ojo y a fortalecer la intuición. Al sostener el cristal entre las manos y recitar una afirmación como "Mi conexión crece con la luz de la luna", el lector puede sentir cómo su energía se alinea con el ciclo lunar, potenciando el vínculo con lo espiritual. Este es un tiempo para reafirmar el deseo de comunicar y para nutrir el alma con la certeza de que las intenciones enviadas están siendo escuchadas.

La llegada de la luna llena marca el punto culminante del ciclo lunar, un momento de plenitud y revelación. Los rituales realizados durante la luna llena buscan aprovechar la energía expansiva de esta fase para abrir completamente el corazón y permitir que las emociones fluyan libremente. Un ritual sencillo y poderoso es salir al aire libre y dejar que la luz de la luna bañe el rostro, sintiendo su energía como una caricia que recorre el cuerpo. Con una vela blanca encendida, el lector puede recitar el nombre del ser querido en voz alta, visualizando cómo la luz de la vela y la luz de la luna se combinan para formar un puente luminoso que une ambos mundos.

Durante esta fase, también se pueden realizar ofrendas de agua a la luna, como una forma de agradecer por la oportunidad de conectar. Llenar un cuenco con agua y dejarlo bajo la luz de la luna durante la noche permite crear "agua de luna", que se carga con la energía de esta fase. Esta agua puede ser utilizada en rituales de purificación, rociándola alrededor del altar o añadiéndola a un baño relajante, para limpiar cualquier energía densa y abrir el canal de comunicación. El lector puede pedir que la luz de la luna llene de claridad su mente y su corazón, permitiendo que cualquier mensaje de su ser querido llegue con más nitidez.

Cuando la luna comienza a menguar, su energía se vuelve más introspectiva, invitándonos a realizar rituales de cierre y liberación. La luna menguante es el momento ideal para dejar ir aquello que ya no sirve, para soltar las cargas emocionales y para despedirse de las dudas que puedan estar entorpeciendo la conexión. Un ritual de luna menguante puede consistir en escribir aquello que se desea liberar: miedos, inseguridades, o incluso la tristeza que acompaña la pérdida. Esta carta se puede quemar a la luz de una vela negra, que simboliza la protección y la transformación. A medida que el papel se consume en la llama, se puede visualizar cómo cada palabra se disuelve, liberando el alma de lo que la mantiene atada.

Este es también un buen momento para agradecer a los seres queridos por las señales recibidas, por su presencia constante, aunque sea en formas sutiles. Un agradecimiento silencioso, un pensamiento amoroso, o simplemente un suspiro al cielo nocturno pueden ser gestos que reafirman el lazo, recordando que, aunque el ciclo de la luna menguante invita a la introspección, el amor permanece.

La culminación de estos rituales lunares, realizados a lo largo del ciclo, permite que el lector sienta la fluidez de la conexión con el mundo espiritual como una parte natural de su vida. Cada fase de la luna actúa como un recordatorio de que la vida, la muerte y la comunicación entre ambos planos son parte de un mismo movimiento, un ir y venir constante entre la luz y la sombra, entre lo visible y lo invisible.

A través de estos rituales, el lector descubre que la luna es más que un astro en el cielo; es una compañera en el viaje de la conexión espiritual, una aliada que refleja y amplifica los deseos más profundos del alma. Al sincronizar sus intenciones con los ciclos lunares, se aprende a confiar en el ritmo del universo, a comprender que cada mensaje enviado encontrará su momento adecuado para llegar, y que cada respuesta, por pequeña que sea, es un signo de que la luz de la conexión nunca se apaga del todo, incluso en la noche más oscura.

Capítulo 7
La Energía del Solsticio

El solsticio es un fenómeno astronómico que, desde la antigüedad, ha sido considerado un momento de profunda transformación y apertura en muchas culturas alrededor del mundo. Es un instante en el que la luz y la oscuridad alcanzan su punto máximo de contraste, simbolizando la dualidad y el equilibrio entre la vida y la muerte, entre el día y la noche, y entre el mundo visible y el invisible. Los solsticios, tanto el de invierno como el de verano, son momentos en los que la energía del universo se torna particularmente poderosa, facilitando la conexión espiritual y abriendo portales hacia lo desconocido.

El solsticio de invierno, cuando la noche es más larga y el sol se encuentra en su punto más bajo, es una época de introspección profunda. Las antiguas tradiciones lo celebraban como un renacimiento de la luz, un tiempo en el que, desde la oscuridad más profunda, la esperanza de la nueva luz comienza a brillar. En muchas culturas, este solsticio era visto como un momento propicio para conectarse con los ancestros y con aquellos seres queridos que han dejado el plano físico, ya que la oscuridad de la noche se interpretaba como un puente hacia el mundo espiritual. La energía introspectiva del solsticio de invierno invita a mirar hacia adentro, a recordar a aquellos que se fueron y a encender una llama en su honor, simbolizando que, aunque ya no estén físicamente, su presencia sigue iluminando nuestro camino.

Durante el solsticio de invierno, la energía se concentra en el silencio y la quietud, en la escucha profunda de la propia alma y en el diálogo con el espíritu de aquellos que ya no están. Este es un momento ideal para realizar ceremonias que inviten a la reflexión, como encender una vela y meditar frente a ella, visualizando cómo su luz se convierte en un faro que guía a nuestros seres queridos hacia nuestro pensamiento, creando un espacio de encuentro en la penumbra. El fuego, elemento central en este solsticio, simboliza la chispa de la vida que se mantiene encendida incluso en medio de la mayor oscuridad, una metáfora de la conexión que persiste a pesar de la separación física.

Por otro lado, el solsticio de verano, cuando el sol alcanza su máxima altura y la luz del día es más prolongada, es un tiempo de expansión y celebración. En muchas culturas, este solsticio es un momento de festividades, de honrar la abundancia de la vida y la conexión con la naturaleza. Sin embargo, más allá de la alegría, el solsticio de verano también es un periodo poderoso para conectar con el mundo espiritual desde una perspectiva de gratitud y expansión del corazón. La energía que emana de la tierra durante este tiempo es cálida y vibrante, facilitando la apertura de la mente y el alma a las bendiciones que provienen de los ancestros y de los seres queridos que nos acompañan desde otra dimensión.

El solsticio de verano es un momento propicio para realizar rituales al aire libre, aprovechando la luz solar y la energía de la naturaleza en su máximo esplendor. Actividades como caminar descalzo sobre la hierba, recolectar flores para crear ofrendas, o simplemente sentarse al amanecer para recibir los primeros rayos de sol, se convierten en gestos simbólicos que fortalecen la conexión con el universo y con aquellos que hemos perdido. La luz del solsticio de verano es un recordatorio de que la vida siempre se renueva, de que los ciclos se completan y de que, incluso en la ausencia, hay una energía de amor y protección que nos envuelve.

Ambos solsticios, con su energía tan distinta pero complementaria, nos invitan a reflexionar sobre los ciclos de la vida y la muerte, sobre cómo cada fase de luz y sombra en la naturaleza se refleja también en nuestras emociones y en la manera en que experimentamos la pérdida y la conexión con nuestros seres queridos. Son momentos en los que los velos entre los mundos se vuelven más finos, permitiendo que las intuiciones se intensifiquen y que los sentimientos se expresen con mayor claridad. En estas épocas, quienes buscan una comunicación espiritual pueden encontrar en la energía de los solsticios una ayuda natural para expresar lo que el corazón guarda y para recibir lo que el universo y sus seres queridos tienen para ofrecerles.

La preparación para los solsticios también requiere una disposición interior de apertura y reverencia hacia estos momentos de cambio. No se trata solo de realizar rituales, sino de comprender que el solsticio es un llamado a alinearnos con el ritmo del cosmos, a aceptar que la vida y la muerte son parte de un mismo flujo y que, a través de ellos, nuestros seres queridos siguen presentes, como la semilla que duerme en invierno y florece en verano.

La conexión que se establece en los solsticios es, de algún modo, un reflejo de la eterna transformación de la vida. Así como la noche más larga da paso a la luz y la luz más intensa al final cede a la sombra, el alma que busca comunicarse con el más allá aprende a abrazar estas transiciones, reconociendo que, incluso en la pérdida, hay una continuidad, un ciclo que no se detiene. El solsticio nos recuerda que, así como la naturaleza encuentra siempre un modo de renacer, el amor que compartimos con aquellos que ya no están se transforma, se renueva y sigue presente, como una chispa que arde en el corazón del tiempo.

Los solsticios, con su carga energética única, ofrecen oportunidades especiales para realizar rituales y prácticas que nos conecten con los ciclos naturales y con la esencia espiritual de quienes han partido. Estas ceremonias, realizadas en sintonía con la energía cósmica del sol, no solo nos ayudan a fortalecer la conexión con el más allá, sino que también nos permiten anclar nuestros propios procesos de sanación y renovación. Las siguientes prácticas se enfocan en aprovechar la energía de los solsticios de invierno y verano para abrir caminos de comunicación espiritual, creando espacios donde lo terrenal y lo espiritual se encuentran.

Durante el solsticio de invierno, cuando la oscuridad alcanza su mayor expresión, los rituales invitan a abrazar el silencio y la introspección. Uno de los más significativos es la ceremonia del fuego sagrado, una práctica en la que se enciende una hoguera, una vela grande, o una pequeña fogata en un recipiente seguro, representando el renacimiento de la luz en medio de la noche más larga. A medida que la llama crece, se puede escribir en pequeños trozos de papel los pensamientos y emociones que deseamos transformar o liberar, así como los mensajes que deseamos enviar a nuestros seres queridos fallecidos.

Al quemar estos papeles en la llama, se visualiza cómo el humo lleva cada intención hacia el cielo, elevando las palabras como un susurro que se pierde entre las estrellas. Este acto de quemar es profundamente simbólico: transforma lo tangible en energía, lo visible en invisible, conectando así nuestro deseo de comunicación con la renovación de la luz que el solsticio de invierno trae consigo. Mientras la llama arde, es un buen momento para meditar en silencio, sintiendo la presencia de aquellos que se han ido y abriendo el corazón a cualquier sensación de cercanía que pueda surgir.

Otra práctica poderosa para el solsticio de invierno es realizar una caminata meditativa al anochecer, en la que cada paso se convierte en un diálogo silencioso con la tierra y con el mundo espiritual. Caminando lentamente, en contacto con el suelo, se puede sentir cómo la energía de la tierra nos acoge y nos conecta con las raíces de lo que somos, de lo que hemos perdido y de lo que deseamos recuperar en el plano espiritual. Al terminar la caminata, el lector puede ofrecer una pequeña ofrenda natural, como frutos secos, flores de invierno o semillas, como un gesto de gratitud por la guía y la protección recibidas desde el otro lado. Este acto simboliza la aceptación de los ciclos de vida y muerte, un recordatorio de que en la tierra dormida siempre late la promesa de un nuevo amanecer.

Por otro lado, el solsticio de verano, con su energía expansiva y luminosa, invita a celebrar la vida y a expresar la gratitud por la abundancia de la naturaleza y de la existencia misma. Un ritual que se alinea con esta energía es el de la danza del amanecer. Al levantarse antes del alba y dirigirse a un lugar al aire libre, el lector puede recibir los primeros rayos de sol como un abrazo cálido que envuelve al mundo. Al ritmo de la luz que crece, se puede bailar, moviendo el cuerpo libremente, sintiendo cómo cada movimiento libera el alma de cualquier peso, de cualquier tristeza. Esta danza no busca la perfección, sino la expresión de la alegría de estar vivo, de sentir que, a pesar de las pérdidas, hay una luz que sigue creciendo en el corazón. Cada movimiento es una forma de ofrecer gratitud a los seres queridos, como si cada giro de la danza dijera "gracias" por los momentos compartidos.

Otra práctica común para el solsticio de verano es la creación de mandalas florales. Con flores frescas, hierbas y piedras recolectadas de la naturaleza, se forma un círculo en el suelo, un símbolo de la plenitud de la vida y de la eternidad del espíritu. Mientras se dispone cada pétalo y cada hoja, se puede recitar el nombre de los seres queridos, visualizando que cada flor es un pensamiento, un recuerdo, un fragmento de amor que se despliega hacia el universo. Al completar el mandala, se puede pasar un momento en silencio, observando su forma, sintiendo cómo la energía de la naturaleza y la presencia de los seres amados se entrelazan en ese círculo sagrado.

El agua, elemento de flujo y renovación, también juega un papel especial en los rituales del solsticio de verano. Una práctica sencilla pero poderosa es dejar un cuenco con agua al sol durante todo el día del solsticio, permitiendo que se impregne con la energía solar. Al caer la tarde, esta "agua solar" puede ser utilizada para lavar las manos o el rostro, visualizando cómo la luz del solsticio limpia cualquier tristeza y renueva la fuerza del alma. Al mismo tiempo, esta agua puede ser ofrecida a un árbol o a una planta, como un gesto de agradecimiento a la naturaleza y a los espíritus que cuidan de nosotros.

En ambos solsticios, la práctica de la gratitud es un hilo conductor que une todas las ceremonias y rituales. Agradecer por la vida que sigue, por la conexión que persiste, y por la oportunidad de recordar a quienes amamos es una forma de abrir el corazón a la energía que el cosmos nos ofrece en estos momentos especiales. El acto de agradecer nos conecta con la energía del sol, que nos recuerda que siempre hay un ciclo que se renueva, una nueva oportunidad para comenzar, incluso cuando la despedida ha dejado un vacío en el alma.

Al integrar estas prácticas en la vida, el lector descubre que los solsticios son mucho más que eventos astronómicos: son oportunidades para recordar que la vida es un ciclo constante de luz y sombra, de presencia y ausencia, de pérdida y reencuentro. Cada ritual, cada ofrenda y cada meditación se convierten en un puente que une lo que el tiempo separa, un espacio donde el sol y la luna, la luz y la oscuridad, el mundo físico y el mundo espiritual, se encuentran y se reconocen. Y en ese reconocimiento, se descubre que la conexión con nuestros seres queridos no se desvanece, sino que se transforma, como la luz que se oculta en invierno para renacer con más fuerza en verano, como el amor que sigue brillando, incluso en las noches más largas.

Capítulo 8
Equinoccios y Equilibrio

Los equinoccios, esos momentos únicos del año en que la duración del día y la noche se equilibran perfectamente, han sido considerados por muchas culturas como tiempos sagrados de transición y armonía. Al marcar la entrada de la primavera y el otoño, estos eventos representan no solo un cambio en el ciclo de la naturaleza, sino también una oportunidad para encontrar un balance interno y renovar la conexión con lo espiritual. Durante los equinoccios, el mundo parece detenerse por un instante, como si el universo respirara en una pausa que une luz y sombra, permitiendo que lo físico y lo espiritual se toquen de manera más íntima.

El equinoccio de primavera es un símbolo de renacimiento y renovación. A medida que la naturaleza se despierta de su letargo invernal, las flores brotan y el aire se llena de un nuevo aliento de vida. Es un tiempo para dejar atrás la oscuridad y abrirse a la posibilidad de un nuevo comienzo. Para aquellos que buscan una conexión con sus seres queridos que han partido, el equinoccio de primavera es un momento ideal para enviar mensajes de esperanza, para expresar el deseo de que, al igual que las flores que renacen, la relación con el ser querido continúe floreciendo en un plano más sutil.

Este equinoccio invita a reflexionar sobre la continuidad de la vida, incluso después de la muerte, y a encontrar consuelo en la idea de que nada desaparece por completo, sino que simplemente cambia de forma. Es un tiempo para sembrar intenciones de amor y de gratitud hacia quienes ya no están físicamente, sabiendo que, así como la tierra acoge cada semilla, el universo acoge cada pensamiento y cada sentimiento. La energía que se despierta en el equinoccio de primavera nos ayuda a recordar que el amor es una semilla eterna, que sigue creciendo y transformándose, incluso cuando no podemos verlo.

Por otro lado, el equinoccio de otoño marca el momento en que la luz comienza a ceder paso a la oscuridad. Las hojas caen, los días se acortan, y la tierra se prepara para un periodo de introspección y recogimiento. En este contexto, el equinoccio de otoño es una invitación a reflexionar sobre la muerte como parte natural del ciclo de la vida, y a encontrar paz en la idea de que, así como los árboles dejan caer sus hojas para nutrir la tierra, los seres queridos dejan su huella en nuestras vidas para nutrir nuestro crecimiento espiritual.

Este equinoccio nos recuerda la importancia de la gratitud y de la aceptación, de aprender a soltar lo que ya no nos sirve, para dar espacio a lo nuevo que vendrá. En esta época, la energía es propicia para enviar mensajes de agradecimiento a aquellos que partieron, honrando los momentos compartidos y reconociendo que, aunque ya no estén físicamente, siguen formando parte de nuestro camino. Es un tiempo para decir adiós a las emociones que nos pesan, para dejar que caigan como las hojas que el viento se lleva, confiando en que la tierra las transformará en algo nuevo.

Los equinoccios, con su equilibrio perfecto entre la luz y la oscuridad, nos enseñan que la vida se mueve en un constante vaivén entre ambos polos, y que encontrar armonía implica aceptar cada parte del ciclo con la misma serenidad. Estos momentos de equilibrio cósmico nos permiten alinear nuestras propias energías, preparándonos para recibir lo que el universo y nuestros seres queridos tienen para ofrecernos en cada estación. Así como el día y la noche se encuentran en un abrazo temporal durante los equinoccios, la mente y el corazón también se abren para abrazar la dualidad de la vida y la muerte, la presencia y la ausencia, entendiendo que ambas son necesarias para el crecimiento del alma.

La energía de los equinoccios también nos invita a reflexionar sobre el equilibrio que mantenemos en nuestras vidas, sobre la necesidad de encontrar un centro interno que nos permita enfrentar tanto la luz como la sombra. Para aquellos que buscan una conexión con el mundo espiritual, este equilibrio es fundamental, ya que la mente y el corazón abiertos y en calma son más receptivos a las señales y mensajes que vienen de lo invisible. Durante estos momentos, la meditación y la introspección pueden ayudarnos a sintonizar con la energía universal, permitiendo que las palabras no dichas y los sentimientos no expresados fluyan hacia los seres queridos de una forma natural y amorosa.

El equilibrio del equinoccio nos muestra que, así como la luz y la oscuridad se necesitan mutuamente, la conexión con nuestros seres queridos también trasciende la dualidad de la vida y la muerte. Los equinoccios nos ofrecen la oportunidad de reconocer que la despedida es solo un aspecto de un ciclo más amplio, un ritmo que nos invita a recordar y a seguir amando, a pesar de la separación física. En la paz que trae este equilibrio, encontramos la certeza de que la conexión espiritual no se pierde, sino que se transforma, adaptándose a los ciclos del tiempo y del cosmos.

Al comprender la energía de los equinoccios y su relación con la vida espiritual, el lector descubre que no está solo en su búsqueda de conexión con aquellos que partieron. La naturaleza misma le recuerda que hay un ritmo en el universo, una sinfonía de luz y sombra que se repite eternamente, y que nosotros somos parte de esa melodía. Cada equinoccio, con su equilibrio momentáneo, nos da la oportunidad de detenernos y escuchar, de sentir cómo, en ese breve instante, la distancia entre los mundos se reduce y podemos percibir la presencia de quienes amamos, como un murmullo en el viento, como un rayo de sol que acaricia el alma en el amanecer de primavera, o como la calma de la noche que envuelve el otoño.

A través de estos momentos de equilibrio, el lector puede experimentar la conexión como un proceso natural, como un flujo que sigue el ritmo de la vida, sin forzarlo, sin apresurarlo, simplemente confiando en que, al igual que el sol y la luna, nuestros seres queridos también siguen su propio ciclo de luz y sombra, acercándose a nosotros en los momentos precisos, cuando la vida y la muerte se encuentran para recordarnos que, en lo más profundo, siempre estamos conectados.

Los equinoccios, con su energía de equilibrio y transición, nos ofrecen un espacio sagrado para realizar rituales que celebren la armonía entre la luz y la oscuridad, la vida y la muerte. Estos momentos de cambio en la naturaleza son ideales para profundizar la conexión con el mundo espiritual, enviando mensajes a nuestros seres queridos y cultivando la paz interior que nos permite aceptar los ciclos de la existencia. Los siguientes rituales están diseñados para aprovechar las cualidades únicas de los equinoccios de primavera y de otoño, facilitando un encuentro con lo invisible y nutriendo el alma con la energía de renovación y balance.

Uno de los rituales más significativos para el equinoccio de primavera es la creación de un altar floral. Este altar, construido con flores de colores vivos, representa el renacimiento de la vida y la esperanza que trae consigo la primavera. Para este ritual, se recomienda buscar un lugar tranquilo al aire libre, donde la naturaleza misma pueda acompañar la ceremonia. Sobre una mesa o directamente en el suelo, se disponen flores, semillas, y un cuenco con agua, como símbolo del renacimiento que ocurre en la tierra y en el espíritu. Al encender una vela verde o dorada, que simboliza la nueva vida, se puede recitar una oración de gratitud por la llegada de la primavera y por la oportunidad de conectar con los seres queridos que nos acompañan desde otro plano.

Durante este ritual, el lector puede escribir en un papel sus deseos de renovación, así como los mensajes que desea enviar a sus seres queridos, expresando lo que el corazón anhela compartir en este tiempo de crecimiento. Estos mensajes se pueden enterrar junto a una planta joven, permitiendo que la energía de la tierra acoja las palabras y las transforme en nueva vida. A medida que la planta crece y florece, se convierte en un recordatorio vivo de la conexión que sigue creciendo, a pesar de la distancia. Este acto de plantar es un símbolo de esperanza, un gesto que reafirma que, aunque el invierno haya sido largo, siempre llega un momento para renacer, para encontrar un nuevo sentido en lo que parecía perdido.

El equinoccio de otoño, por su parte, nos invita a realizar rituales que celebren la gratitud y la liberación. Un ritual poderoso para esta época es la creación de un círculo de piedras y hojas secas, un símbolo de la conexión con la tierra y con los ancestros. Este círculo puede construirse en un espacio al aire libre, bajo la luz suave del atardecer, cuando el día y la noche se encuentran en un abrazo fugaz. Dentro del círculo, el lector puede colocar una vela marrón o roja, que representa la calidez del otoño y la sabiduría que se adquiere con el paso del tiempo.

Al encender la vela, se pueden colocar también pequeñas ofrendas, como frutos de temporada, semillas y nueces, que simbolizan la cosecha de la vida y de los aprendizajes acumulados. Este es el momento de agradecer por los recuerdos compartidos con los seres queridos que ya no están, por las enseñanzas que dejaron, y por la presencia constante de su espíritu. Con cada ofrenda, se puede recitar una frase de gratitud, visualizando cómo las palabras se elevan con la llama de la vela y se disuelven en el aire, encontrando su camino hacia el mundo espiritual.

Otro ritual de equinoccio de otoño es la meditación con mandalas naturales. Se puede recolectar hojas de diferentes colores, flores secas, ramas y piedras, y usarlas para formar un mandala en el suelo, con formas circulares que representen el ciclo eterno de la vida. Mientras se dispone cada elemento, se puede reflexionar sobre los ciclos de luz y sombra que han marcado la vida propia y la relación con los seres queridos que han partido. El mandala, una vez terminado, se convierte en un mapa simbólico de la conexión entre lo visible y lo invisible, un recordatorio de que cada hoja que cae se convierte en parte del todo, alimentando el suelo para que nuevas vidas surjan en la primavera.

Una vez creado el mandala, el lector puede sentarse frente a él y cerrar los ojos, respirando profundamente, permitiendo que el sonido del viento y el murmullo de las hojas lo acompañen en una meditación de liberación. En esta meditación, se invita a visualizar cómo cada hoja y cada piedra del mandala representan un recuerdo, una emoción o un mensaje que se desea enviar al ser querido. A medida que el viento toca el mandala, se imagina que esos pensamientos son llevados por la brisa, cruzando el umbral hacia el otro lado, como un susurro que viaja con la naturaleza.

Los equinoccios también son momentos propicios para realizar rituales de limpieza energética, liberando el hogar y el espacio personal de cualquier energía estancada, preparando el ambiente para recibir nuevas vibraciones. Un ritual sencillo es pasar incienso de salvia o de copal por cada rincón de la casa, comenzando desde la puerta principal y avanzando en sentido de las agujas del reloj. Mientras el humo purifica cada habitación, se puede repetir una frase de intención, como "Limpio este espacio para la llegada de la paz y la luz", imaginando cómo la energía densa se disuelve y el ambiente se llena de una claridad nueva. Este ritual no solo purifica el hogar, sino que también crea un espacio acogedor para cualquier visita espiritual que pueda manifestarse durante estos tiempos de equilibrio.

Al finalizar los rituales de los equinoccios, es importante dedicar un momento de quietud, simplemente observando el entorno y sintiendo la calma que trae el equilibrio entre la luz y la sombra. Esta pausa permite que el alma asimile la energía del momento y que las intenciones enviadas se asienten en el corazón, como semillas que esperan el momento justo para germinar. El lector descubre, en este estado de contemplación, que los equinoccios no son solo cambios estacionales, sino puertas que nos invitan a explorar nuestro propio interior, a reconocer lo que debe crecer y lo que necesita ser liberado.

En estos rituales, se establece un diálogo con la naturaleza, con el cosmos y con aquellos que nos han dejado, un diálogo que no necesita de palabras, porque se expresa en cada gesto, en cada flor que se coloca en el altar, en cada susurro al viento. Y es en ese diálogo, en esa comunión con lo sagrado, donde se descubre que la conexión con el más allá es tan natural como el cambio de las estaciones, tan constante como el ciclo de la vida y la muerte, siempre encontrando su forma de manifestarse, incluso en el silencio de las hojas que caen o en el renacer de una flor bajo el sol de primavera.

Capítulo 9
Comunicación a través de los Sueños

Los sueños han sido, desde tiempos antiguos, un puente entre los mundos visibles e invisibles, un espacio donde las barreras entre la vida y la muerte se diluyen y donde lo espiritual se mezcla con lo cotidiano. En muchas culturas, los sueños son considerados una forma de comunicación con el más allá, un lugar donde las almas de los seres queridos pueden encontrarse con nosotros para transmitir mensajes, consuelo, o simplemente para recordarnos que su presencia sigue viva, aunque en un plano distinto.

La experiencia de soñar con un ser querido que ha partido es profundamente íntima y, a menudo, está cargada de una sensación de cercanía que va más allá de las imágenes que se presentan en el sueño. Estos encuentros oníricos pueden ser más vívidos y claros que los sueños comunes, dejándonos al despertar con la certeza de que, por un momento, la distancia se desvaneció. Son sueños en los que la lógica cede lugar a la emoción, donde una mirada, un abrazo, o incluso el simple hecho de ver a la persona son suficientes para sentir que hemos cruzado una frontera que el día a día nos impone.

Para aquellos que buscan intencionalmente esta forma de comunicación, es importante crear un ambiente propicio antes de dormir, un espacio que invite a la serenidad y a la apertura de la mente y el corazón. El primer paso es la preparación del espacio de descanso, convirtiendo la habitación en un refugio de calma. Se pueden encender velas de colores suaves, como el azul o el blanco, que representan la paz y la conexión espiritual. Un poco de incienso de lavanda o sándalo ayuda a purificar el ambiente, permitiendo que el aire se llene de un aroma que relaja y suaviza las preocupaciones del día.

Junto a la cama, puede colocarse una fotografía del ser querido o un objeto que tenga un significado especial, como una prenda, una joya, o un recuerdo que haya compartido con esa persona. Este objeto actúa como un ancla, un lazo que nos conecta con la memoria del ser amado y que sirve como un recordatorio de la intención que llevamos al mundo de los sueños. Antes de dormir, se pueden recitar unas palabras en voz baja, una pequeña oración o una afirmación que refleje el deseo de establecer un contacto: "Espero encontrarte esta noche en el sueño, y que podamos hablar más allá de las palabras". Esta intención, expresada desde el corazón, crea una vibración que se proyecta al universo y se convierte en un faro que guía el encuentro onírico.

La relajación antes de dormir es crucial para permitir que la mente entre en el estado adecuado para recibir mensajes. Un ejercicio útil es la respiración profunda, inspirando lentamente mientras se visualiza una luz suave que envuelve el cuerpo, llenándolo de paz. Al exhalar, se imaginan todas las tensiones del día alejándose, disipándose como nubes en el viento. Este ejercicio no solo calma la mente, sino que también eleva la energía personal, facilitando una conexión más profunda con el mundo espiritual. A medida que la respiración se hace más lenta y el cuerpo se relaja, se puede imaginar un lugar seguro, un paisaje sereno donde el encuentro con el ser querido podría suceder. Puede ser un jardín, una playa al amanecer, o cualquier lugar que evoque sentimientos de tranquilidad y protección.

La visualización de este lugar no busca controlar el sueño, sino preparar la mente para recibir la presencia del ser amado de manera natural. Se trata de abrir un portal interior donde el encuentro puede suceder sin forzarlo, permitiendo que la experiencia tome la forma que necesite. A veces, los encuentros oníricos no serán como se esperaba, y el ser querido puede aparecer de manera simbólica, representado por una figura de luz, un animal o un objeto que tenga un significado especial en la relación que ambos compartían. La mente, en el estado de sueño, tiene su propio lenguaje, uno que se comunica más allá de las palabras, a través de imágenes, sensaciones y emociones profundas.

Al despertar, es importante anotar inmediatamente cualquier detalle del sueño que se recuerde, por más pequeño que parezca. El momento justo después de despertar es cuando los sueños están más frescos, y escribir ayuda a conservar las impresiones antes de que la mente consciente las difumine. En este diario de sueños, se pueden anotar las palabras que se escucharon, las sensaciones que el sueño dejó, y cualquier imagen que parezca significativa. A veces, el verdadero mensaje se revela con el tiempo, a medida que se releen las notas y se descubre un patrón, una continuidad en los encuentros nocturnos que tal vez no era evidente al principio.

Los sueños en los que aparecen los seres queridos pueden ser tan variados como las relaciones que se tenían con ellos. En algunos, puede haber una sensación de despedida, como si la persona viniera a decir un último adiós, mientras que en otros, el ser querido puede simplemente aparecer en situaciones cotidianas, como si el tiempo no hubiera pasado y la vida continuara como antes. Cada sueño tiene su propio matiz, y la interpretación depende de la conexión emocional que se tenía con el ser amado. Lo que es importante recordar es que, más allá de las formas en que se manifiestan, estos sueños nos hablan de una conexión que sigue viva, de un lazo que ni siquiera la muerte ha podido romper.

Para quienes no logran recordar los sueños con claridad, es fundamental no perder la paciencia ni la esperanza. A veces, la mente consciente necesita tiempo para aprender a escuchar lo que el alma ya sabe. Los sueños son como mensajes escritos en la arena, que el mar borra lentamente al amanecer, pero cuyas huellas, aunque efímeras, dejan una impresión en el corazón. Incluso si el contenido del sueño se desvanece, la sensación de haber estado en contacto, de haber recibido una visita especial, puede persistir como un calor en el pecho, como un susurro que nos acompaña durante el día.

La comunicación a través de los sueños es un arte, una forma de diálogo que se desarrolla con el tiempo y con la disposición de abrirse a lo desconocido. Es un recordatorio de que, aunque los caminos físicos se separen, el mundo de los sueños siempre está disponible como un lugar de encuentro, un espacio donde la distancia se reduce y donde las almas pueden hablar, aunque sea en silencio. En cada noche, bajo el manto estrellado, la posibilidad de un reencuentro espera, tan misteriosa como el sueño mismo, tan eterna como el amor que nos une.

El arte de interpretar los sueños requiere paciencia, introspección y una disposición a escuchar lo que el inconsciente intenta revelar. En el mundo espiritual, los sueños se convierten en un canal a través del cual nuestros seres queridos pueden comunicarse, utilizando un lenguaje simbólico que, a primera vista, puede parecer confuso o enigmático. Sin embargo, al profundizar en los significados personales y universales de los símbolos que aparecen, el lector puede descubrir mensajes cargados de emoción y significado, como si cada sueño fuera una carta que se desvía de las palabras comunes para hablarle directamente al corazón.

Un elemento esencial en este proceso es el mantenimiento de un diario de sueños, un registro escrito donde se plasman las experiencias oníricas, por más fragmentadas o difusas que sean. Este diario se convierte en un mapa, una guía que permite identificar patrones, temas recurrentes y elementos que podrían pasar desapercibidos con el tiempo. Al escribir los sueños, se invita a la mente consciente a revisar con detenimiento lo que ha sucedido durante la noche, permitiendo que los detalles más sutiles emerjan y se fijen en la memoria. Es importante anotar no solo las imágenes y escenas del sueño, sino también las emociones que surgieron: el sentimiento de paz, la sensación de despedida, la alegría de un reencuentro. Estas emociones son la clave para descifrar el mensaje subyacente.

La interpretación de los símbolos en los sueños no sigue una fórmula rígida, ya que cada persona tiene una relación única con los elementos que aparecen en su mente durante el sueño. Sin embargo, existen ciertos arquetipos y símbolos que, a lo largo de la historia, han sido asociados con significados espirituales profundos. Por ejemplo, la aparición de un camino en un sueño puede simbolizar un viaje espiritual, un proceso de búsqueda interior o un cambio de rumbo en la vida del soñante. Los puentes, por su parte, pueden representar la conexión entre dos mundos, un pasaje entre la vida y la muerte, un espacio de transición donde es posible encontrarse con aquellos que han partido.

Los animales que aparecen en los sueños también tienen un simbolismo rico, y su presencia puede ser interpretada como una manifestación de los mensajes que los seres queridos desean transmitir. Un ave que vuela alto podría sugerir la libertad del alma, la elevación de un espíritu que ha encontrado la paz, mientras que un lobo o un perro podría representar la protección y la compañía que el ser querido sigue ofreciendo desde el otro lado. En este proceso, es fundamental que el lector se permita escuchar su propia intuición, confiando en la sensación que le produce cada imagen y en la conexión que tiene con su historia personal.

Al revisar los sueños en el diario, es posible que algunos elementos se repitan en diferentes momentos. Esto puede ser una señal de que hay un mensaje insistente, una comunicación que el ser querido intenta reforzar. Por ejemplo, si en varios sueños aparece una puerta, podría ser un símbolo de que el soñante está siendo invitado a abrirse a una nueva etapa en su vida o a explorar un aspecto de su relación con el mundo espiritual. Cada vez que un símbolo se repite, es útil reflexionar sobre las circunstancias personales de ese momento: ¿Qué emociones estaban presentes en mi vida cuando soñé con esa puerta? ¿Qué cambio o transición estaba experimentando? De este modo, el lector puede entender cómo los símbolos se entrelazan con su propio proceso de vida.

La práctica de mantener un diario de sueños también nos enseña a prestar atención a las sincronicidades que ocurren durante el día. A veces, lo que se sueña por la noche se refleja en pequeños eventos cotidianos: una conversación que menciona un tema relacionado con el sueño, un libro que cae en nuestras manos con una frase que resuena con lo soñado, o un objeto que aparece de manera inesperada. Estas coincidencias significativas, que parecen guiarnos con una mano invisible, son una extensión del diálogo espiritual iniciado en el sueño. Anotar estas sincronicidades junto con los sueños en el diario permite crear un puente entre el mundo de la vigilia y el mundo de lo invisible, entre el día y la noche, entre el consciente y el inconsciente.

Para interpretar los sueños, el lector puede crear su propio "diccionario de símbolos", una lista de imágenes que han aparecido recurrentemente en sus sueños y el significado que les ha atribuido a través de la experiencia. Este diccionario no es un conjunto de significados rígidos, sino una guía que se va enriqueciendo con cada sueño nuevo. Al hacerlo, se descubre que ciertos símbolos tienen un sentido único, que depende de la historia de vida y de la relación que se tenía con el ser querido. Por ejemplo, una flor específica podría simbolizar una experiencia compartida con esa persona, un lugar en el que solían encontrarse o un momento especial que solo tiene sentido para el soñante.

La interpretación de los sueños también implica aceptar que no todas las respuestas serán claras de inmediato. A veces, un sueño puede ser desconcertante o parecer carente de sentido. Es en esos momentos cuando la paciencia se convierte en una aliada. El diario de sueños permite que el lector vuelva a revisar experiencias pasadas con una nueva perspectiva, descubriendo significados que antes habían pasado desapercibidos. La comprensión de los mensajes oníricos es como una semilla que crece con el tiempo, revelando su verdadero significado cuando estamos listos para recibirlo.

Un aspecto importante de los sueños espirituales es la apertura emocional. No se trata solo de encontrar respuestas, sino de permitir que el sueño toque las fibras más profundas del alma. A veces, el simple hecho de haber sentido la presencia del ser querido en el sueño, de haberlo visto sonreír o de haber escuchado su voz, es suficiente para aliviar la tristeza y renovar la esperanza. La comunicación a través de los sueños no siempre busca transmitir un mensaje concreto; a veces, su propósito es recordarnos que la conexión sigue viva, que el amor trasciende las barreras del tiempo y que, aunque el ser querido ya no esté en la forma que conocíamos, sigue acompañándonos en los momentos de oscuridad y de luz.

El diario de sueños, con sus páginas llenas de recuerdos oníricos y de reflexiones sobre los símbolos, se convierte en un testimonio de la búsqueda espiritual del lector, un espacio donde la mente consciente y el alma se encuentran para explorar los misterios de la conexión con el más allá. En cada página, en cada palabra escrita al despertar, se descubre que el mundo de los sueños es un lugar de encuentro, un refugio donde las distancias se acortan y donde el amor se expresa en formas que no siempre comprendemos, pero que sentimos profundamente.

A medida que el lector avanza en este proceso, descubre que los sueños son un espejo del alma, una puerta que nos permite ver más allá de lo que los ojos físicos pueden percibir. Y en cada sueño, en cada símbolo, en cada línea escrita en el diario, se encuentra una pista de ese lazo que nunca se rompe, de esa voz que sigue hablando a través de las imágenes nocturnas, recordándonos que la presencia de los seres amados sigue siendo una luz que brilla en el misterio de la noche.

Capítulo 10
Elementos de la Naturaleza

Desde tiempos ancestrales, los elementos naturales —tierra, agua, fuego y aire— han sido considerados manifestaciones poderosas de la energía universal. Cada uno de ellos posee cualidades que reflejan distintos aspectos de la vida y de la muerte, y por ello, se convierten en vehículos espirituales a través de los cuales es posible enviar mensajes a nuestros seres queridos que ya no están en el plano físico. Conectar con los elementos de la naturaleza no solo nos acerca a la esencia del mundo que nos rodea, sino que también nos ayuda a comprender mejor el flujo de la energía que une lo visible con lo invisible, lo tangible con lo etéreo.

La tierra, firme y constante, representa la estabilidad y el sustento de la vida. En muchas tradiciones, se le atribuye un papel fundamental en los ritos funerarios y de conexión espiritual, ya que es a ella a quien confiamos los cuerpos de aquellos que parten y de donde surge la nueva vida. Utilizar la tierra como medio de comunicación espiritual implica reconocer su capacidad de guardar memoria, de ser testigo silencioso de lo que fue y de lo que puede volver a ser. Una forma sencilla de utilizar la tierra para enviar mensajes es realizar una ofrenda con flores, semillas o pequeños objetos simbólicos, enterrándolos junto a un árbol o en un lugar especial. A medida que se entierra la ofrenda, se puede visualizar cómo la energía de la intención penetra en la tierra, confiando en que ella llevará el mensaje a su destino, transformándolo en un susurro que viaja a través de sus raíces.

El agua, con su capacidad de fluir y adaptarse, se asocia con las emociones, la intuición y la purificación. Los ríos, lagos, y el propio mar han sido considerados puertas de comunicación con el mundo espiritual en diversas culturas, ya que su constante movimiento refleja la transitoriedad de la vida y la continuidad de la existencia. El agua puede ser un medio para liberar sentimientos, dejando que las palabras no dichas se deslicen con la corriente. Un ritual común es escribir una carta al ser querido, expresando los pensamientos y emociones que se deseen compartir, y luego entregarla al agua, permitiendo que la corriente la lleve. Este acto simboliza la liberación de lo que se guarda en el corazón y la entrega de ese mensaje a la corriente que une lo terrenal con lo espiritual. Ver cómo el agua se lleva la carta es como un recordatorio de que nada se pierde, que todo se transforma y sigue su curso hacia lo desconocido.

El fuego, con su luz y calor, ha sido visto como un mensajero entre los mundos, capaz de transformar lo material en humo que asciende hacia el cielo. Las llamas que danzan en la oscuridad simbolizan la vida que se mueve incluso en la ausencia, una chispa que nos conecta con el espíritu. Utilizar el fuego como medio de comunicación espiritual implica honrar su poder transformador, reconociendo que a través de él, las intenciones y los mensajes pueden elevarse más allá de lo visible. Un ritual sencillo es encender una vela en honor al ser querido, utilizando su luz como un punto de enfoque para la meditación. A medida que la vela arde, se puede imaginar que la llama actúa como un canal, llevando los pensamientos y deseos hacia el más allá. Si se prefiere una conexión más directa, escribir un mensaje en un papel y quemarlo en la llama es una forma de entregar las palabras al fuego, confiando en que el humo llevará la esencia de esas palabras a donde sea necesario.

El aire, invisible pero siempre presente, se asocia con el aliento de vida, la comunicación y el espíritu. Es el aire el que lleva las palabras pronunciadas, el que hace vibrar el sonido y el que, en su movimiento, nos envuelve con su energía sutil. La brisa que acaricia el rostro puede ser un recordatorio de la presencia de aquellos que ya no están, un gesto de cercanía que llega sin ser visto. Para utilizar el aire como medio de comunicación, se puede realizar un sencillo acto de susurrar un mensaje al viento, confiando en que el aire llevará esas palabras hasta donde se necesite. Otra práctica es colgar cintas o pañuelos en un árbol en un día ventoso, cada uno de ellos representando un pensamiento, un recuerdo o un deseo. A medida que el viento agita las cintas, es como si las palabras volaran junto a ellas, viajando más allá del horizonte.

Cada uno de estos elementos posee su propio lenguaje, una forma de hablar que nos invita a sentir, más que a entender. La tierra nos susurra desde su profundidad, recordándonos que todo lo que enterramos se convierte en semilla. El agua nos habla a través de su fluir, enseñándonos a dejar ir, a confiar en el movimiento. El fuego, con su calor, nos recuerda que la luz sigue brillando incluso en la oscuridad más densa, y el aire, con su ligereza, nos invita a soltar y a elevarnos, a creer que nuestras palabras pueden llegar a lugares que no alcanzamos a ver.

Al conectar con estos elementos, el lector no solo encuentra una forma de enviar mensajes a sus seres queridos, sino que también descubre un modo de alinear su propio ser con los ritmos de la naturaleza. Cada vez que se realiza una ofrenda a la tierra, se envía una carta por el agua, se enciende una vela o se habla al viento, se establece un diálogo con el universo, un intercambio de energías que atraviesa el tiempo y el espacio. A través de estos gestos, se honra la memoria de quienes partieron, y se reconoce que, aunque nuestros caminos se separen, seguimos compartiendo el mismo cielo, la misma tierra, el mismo sol y el mismo viento.

La comunicación con los seres queridos a través de los elementos de la naturaleza nos recuerda que la vida no termina, sino que se transforma, que sigue fluyendo como el agua, ardiendo como el fuego, creciendo como la tierra y elevándose como el viento. Y al entender esto, el lector se acerca a la verdad de que cada mensaje enviado, cada pensamiento compartido, se convierte en una parte de ese ciclo eterno que nos une con lo sagrado y con la esencia de aquellos que, aunque no podamos ver, siguen estando presentes en cada rincón del mundo natural.

Profundizar en el uso de los elementos de la naturaleza para la comunicación espiritual requiere una comprensión más íntima de cómo cada uno de ellos puede ser integrado en rituales que honren la memoria de nuestros seres queridos y faciliten el envío de mensajes. Estos rituales, realizados con intención y respeto, permiten que el lector se conecte de manera más profunda con la esencia de la tierra, el agua, el fuego y el aire, utilizando su energía para crear un puente entre el mundo físico y el espiritual.

Uno de los rituales más poderosos con el elemento tierra es la creación de un altar natural, un espacio consagrado al aire libre, donde el suelo actúa como un soporte para las intenciones. Para construir este altar, se puede escoger un lugar especial, como la sombra de un árbol, una colina tranquila o un rincón del jardín que evoque serenidad. En este lugar, el lector puede disponer piedras, flores, hojas secas y objetos que representen a su ser querido, creando un círculo que simbolice la conexión continua entre el pasado y el presente. Mientras se colocan cada uno de estos elementos, se puede hablar en voz baja, compartiendo recuerdos y deseos, como si cada piedra y cada flor fuera una palabra dedicada al ser amado. Este altar no solo actúa como un canal de comunicación, sino que también se convierte en un lugar de recogimiento, donde el lector puede regresar siempre que sienta la necesidad de acercarse a la memoria del ser querido.

En conexión con el elemento agua, una práctica significativa es la realización de un ritual de purificación en un cuerpo de agua cercano, como un río, un lago o incluso el mar. Para este ritual, se recomienda acudir a un lugar donde el agua fluya libremente, simbolizando la continuidad de la vida. El lector puede llevar consigo pequeñas flores o pétalos, representando las palabras o los pensamientos que desea enviar. Al llegar al agua, se puede realizar una breve meditación, visualizando al ser querido y sintiendo su presencia a través de la brisa que roza la piel o del murmullo del agua. Luego, se sueltan los pétalos en la corriente, observando cómo el agua los lleva. Este gesto es un símbolo de entrega, de dejar ir lo que se guarda en el corazón, confiando en que la corriente llevará los pensamientos hasta donde deben llegar. A medida que los pétalos se alejan, el lector puede sentir una liberación, un alivio que proviene de saber que el mensaje ha sido recibido por la naturaleza.

El fuego, con su capacidad para transformar, es un elemento ideal para rituales de transmutación de emociones y de envío de intenciones claras. Un ritual íntimo que se puede realizar es el de escribir una carta al ser querido, detallando los pensamientos y sentimientos que se desean compartir, ya sean de gratitud, de despedida o de amor. Esta carta, escrita a mano, se convierte en un objeto cargado de energía emocional. Al caer la noche, el lector puede encender una vela y, bajo su luz, leer la carta en voz alta, como si el ser querido estuviera escuchando desde el otro lado. Después de leerla, la carta se quema en la llama de la vela, observando cómo el fuego consume las palabras y las convierte en cenizas. Este proceso es un acto de entrega, de confiar en que el humo llevará el mensaje al mundo espiritual, como si cada chispa que sube al cielo fuera un pensamiento que atraviesa el velo entre los mundos.

El aire, siempre en movimiento, es un elemento que invita a la ligereza y a la expansión de los pensamientos. Un ritual que utiliza este elemento es el de crear pequeñas cintas de intención, donde cada cinta lleva escrito un deseo, un recuerdo o una palabra de amor para el ser querido. Estas cintas se atan a las ramas de un árbol, preferiblemente uno que esté expuesto al viento. Cada vez que el aire haga bailar las cintas, se imagina que los mensajes vuelan junto a la brisa, viajando más allá del horizonte. Este ritual puede ser especialmente reconfortante, ya que permite que los pensamientos se liberen de manera suave y natural, confiando en que el viento los llevará a donde deben llegar. Es un acto de fe en la naturaleza, en la creencia de que las palabras, aunque no sean audibles, encuentran su camino hacia el espíritu.

Otro ritual con el aire es el uso de plumas como mensajeras. En muchas culturas, las plumas han sido vistas como símbolos de conexión con el cielo y con los seres que habitan más allá de la vida física. Al encontrar una pluma durante un paseo al aire libre, se puede recoger y guardar como un recordatorio de la presencia del ser querido, un pequeño mensaje del universo. Para aquellos que desean enviar un pensamiento a través de la pluma, pueden sostenerla en sus manos, cerrar los ojos y susurrar el mensaje con la certeza de que el aire lo llevará a su destino.

Estos rituales, aunque simples, son actos de profunda conexión con la esencia de la naturaleza y con el misterio de lo espiritual. Cada gesto, cada palabra pronunciada en voz baja, se convierte en una forma de manifestar la intención de comunicación, de crear un lazo entre el mundo físico y el plano sutil donde residen los seres queridos. A medida que se practican, el lector descubre que los elementos no son solo herramientas, sino compañeros en este camino de búsqueda de conexión, reflejando en su flujo y su forma las cualidades del alma humana.

A través de estos rituales, el agua se convierte en lágrimas que limpian y renuevan, la tierra en un lugar donde las raíces del recuerdo se aferran, el fuego en la chispa que ilumina la oscuridad y el aire en el aliento que lleva consigo los susurros del corazón. Cada ritual es un acto de amor, una manera de decir "aún estoy aquí, aún me acuerdo, aún siento", confiando en que, al otro lado del velo, el ser querido escucha, siente y responde de maneras sutiles, como la caricia de una brisa, el calor de una llama o el murmullo del agua en la madrugada. En la conexión con los elementos, el lector encuentra la certeza de que, aunque las formas cambien, la esencia del amor sigue fluyendo, transformándose, como la naturaleza misma.

Capítulo 11
Sincronicidades y Números

En el vasto entramado del universo, a veces parecen emerger patrones que nos hablan de una forma que va más allá de la casualidad. Las sincronicidades, esos eventos que nos sorprenden por su coincidencia y significado, se convierten en una de las maneras más profundas en que el mundo espiritual nos recuerda su presencia. Entre estas manifestaciones, los números se presentan como un lenguaje simbólico que, cuando estamos atentos, puede revelar mensajes ocultos, consuelo y la certeza de que nuestros seres queridos nos acompañan, incluso desde otro plano.

Las sincronicidades son como un destello de luz en el flujo del día a día, un recordatorio de que lo invisible se entrelaza con lo tangible. A menudo, estas ocurrencias se presentan de forma repetitiva, como ver una misma secuencia numérica en diferentes contextos, escuchar una canción especial en un momento preciso, o encontrarse con un objeto que evoca un recuerdo querido. Para aquellos que han perdido a un ser amado, estas experiencias pueden sentirse como un mensaje directo, una señal de que la conexión sigue viva, aunque la forma haya cambiado.

Los números, en particular, han sido considerados desde la antigüedad como portadores de significados profundos. El 11:11, por ejemplo, es uno de los más conocidos y se dice que representa un portal energético, un momento en que el velo entre los mundos se vuelve más delgado, permitiendo que la comunicación fluya con mayor facilidad. Ver esta secuencia repetidamente puede ser interpretado como una invitación a pausar, a prestar atención a los pensamientos y a las emociones en ese momento, pues es posible que un ser querido esté intentando acercarse, enviando un susurro desde el otro lado del tiempo.

El número tres, por otro lado, se asocia con la trinidad, la unión entre cuerpo, mente y espíritu, y con la idea de que algo se completa en un nivel más elevado. Si un lector comienza a notar el número tres en distintos momentos del día, puede considerarlo como un recordatorio de que la presencia de su ser querido está cerca, cuidando y guiando desde una dimensión espiritual. Del mismo modo, otros números como el cuatro, que simboliza estabilidad y la presencia de los cuatro elementos, o el siete, vinculado con la introspección y la búsqueda espiritual, pueden aparecer para ofrecer consuelo, dirección o para reafirmar que no estamos solos en nuestro viaje de vida.

Para interpretar estas sincronicidades numéricas, es importante que el lector mantenga una actitud abierta y que, al mismo tiempo, busque comprender lo que cada número significa para él de manera personal. Cada persona tiene su propia historia y, por ende, sus propios significados asociados a ciertos números. Tal vez el lector siempre ha asociado el número ocho con la idea de infinito, de continuidad, y al verlo repetidamente siente que su ser querido le recuerda que la vida es un ciclo, que no hay un final definitivo, sino una transformación constante. En cambio, otro lector podría encontrar en el número dos, que habla de dualidad y unión, un mensaje de reconciliación y paz.

Estas sincronicidades no solo se manifiestan en números, sino que también se expanden a otros aspectos del día a día. Un encuentro inesperado con una mariposa, un pájaro que se posa en la ventana justo cuando se piensa en el ser querido, o un aroma que nos transporta a momentos compartidos, pueden ser vistos como signos de que el universo está respondiendo, reflejando de vuelta las energías y los pensamientos que enviamos. Es como si las fronteras entre lo espiritual y lo físico se difuminaran por un instante, permitiéndonos percibir un eco de aquello que habita más allá de nuestra percepción cotidiana.

Para quienes desean profundizar en la comprensión de las sincronicidades, un ejercicio útil es llevar un registro de cada vez que un número significativo se presenta en su vida. En un cuaderno especial, el lector puede anotar la hora, el lugar y la situación en que se encontró con la sincronicidad, así como los pensamientos que le acompañaban en ese momento. Con el tiempo, este registro se convierte en un mapa de coincidencias que puede revelar patrones ocultos, mostrando cómo ciertos números aparecen en momentos clave de la vida emocional y espiritual. Revisar estas anotaciones es una manera de observar cómo el universo nos habla de manera sutil, cómo los mensajes se entrelazan con nuestras emociones más profundas.

Es importante recordar que las sincronicidades no deben ser forzadas, sino aceptadas con gratitud y asombro, como regalos que el universo nos ofrece cuando estamos preparados para recibirlos. A veces, un número se presentará como una simple señal de apoyo, un "estoy aquí" de un ser querido que quiere acompañarnos en un momento difícil. Otras veces, puede que no entendamos su significado de inmediato, y eso está bien. La conexión con lo espiritual, como el flujo del río, sigue su propio ritmo, y a menudo es con el tiempo y la reflexión que los verdaderos mensajes emergen a la superficie de nuestra conciencia.

Las sincronicidades y los números nos enseñan a confiar en el misterio, a aceptar que hay fuerzas invisibles que nos rodean y que, a su manera, intentan guiarnos y ofrecernos consuelo. En este camino de comunicación con los seres queridos que han partido, cada coincidencia es una puerta que se abre, una invitación a mirar más allá de lo evidente y a descubrir que, aunque el amor no siempre se expresa en palabras, sigue manifestándose en cada número que vemos, en cada pluma que cae del cielo y en cada sonrisa que surge inesperadamente al recordar un momento compartido.

El lector que aprende a escuchar estas señales descubre que la vida se convierte en una danza entre lo visible y lo invisible, un diálogo constante donde las fronteras se desdibujan y donde, entre los números y las sincronicidades, encuentra la certeza de que, aunque los cuerpos se separen, las almas siguen conectadas, resonando en un lenguaje que solo el corazón puede comprender.

A medida que se profundiza en el significado de los números y las sincronicidades, se abre una puerta a la comprensión de un lenguaje sutil que el universo utiliza para comunicarse con nosotros. Los mensajes numéricos, cuando son percibidos con atención y reflexionados con calma, se convierten en guías espirituales que nos ayudan a transitar por momentos de pérdida, ofreciendo un sentido de conexión y continuidad con los seres queridos que ya no están en el plano físico.

La interpretación de los mensajes numéricos requiere de un enfoque intuitivo, un balance entre el conocimiento tradicional de la numerología y la interpretación individual que cada persona le da a los números. Por ejemplo, el número uno, que simboliza nuevos comienzos y la conexión directa con lo divino, puede ser percibido por alguien como un recordatorio de que debe abrirse a nuevas experiencias y oportunidades, mientras que para otro puede representar la presencia de un ser querido que, desde el otro lado, le anima a continuar su camino con valentía y determinación.

En el caso de números como el 11:11, cuya presencia repetida puede ser vista como un portal energético, es útil que el lector se detenga cuando lo vea, tomando un momento para respirar profundamente y conectar con la intención de esa sincronía. Al hacerlo, se puede reflexionar sobre los pensamientos que ocupaban su mente justo antes de ver el número, permitiendo que ese momento se convierta en una pausa sagrada, un instante de alineación entre la conciencia y el mensaje espiritual. Es posible que, con el tiempo, el lector descubra que este número aparece en momentos de duda, como un faro que le recuerda que hay una guía superior que le acompaña.

El número cinco, por otro lado, es conocido por estar asociado con el cambio, la adaptación y la libertad. Si un lector comienza a verlo repetidamente, puede ser una señal de que el ser querido desea transmitirle que es momento de abrazar nuevas etapas, de aceptar que la vida se transforma y de confiar en el proceso de cambio, aunque este traiga consigo incertidumbre. Al interpretar este tipo de señales, es útil que el lector mantenga un registro de cada aparición, anotando no solo el número, sino también las emociones que surgieron y los eventos que rodeaban ese momento. Este ejercicio de documentación puede ser esclarecedor, ya que con el tiempo se revelan patrones que reflejan cómo los números se entrelazan con la vida cotidiana y los procesos internos.

Además de los números tradicionales, el lector puede encontrar secuencias numéricas que tengan un significado especial en su relación personal con el ser querido. Tal vez, la fecha de nacimiento del ser querido, como el 23, aparezca en lugares inesperados, como una matrícula de coche o en el número de una llamada telefónica. Estos encuentros pueden ser interpretados como saludos sutiles, recordatorios de que la conexión sigue presente, y que, aunque el ser querido haya cruzado a otro plano, su presencia sigue manifestándose a través de estas pequeñas y poderosas coincidencias.

Para interpretar estos mensajes, el lector puede recurrir a técnicas de meditación enfocadas en los números. Una práctica sencilla consiste en sentarse en un lugar tranquilo, cerrar los ojos y visualizar el número que ha estado apareciendo repetidamente. Se pueden hacer respiraciones profundas mientras se imagina que el número se rodea de una luz suave, que lo envuelve y lo llena de un calor reconfortante. A medida que se concentra en el número, se puede preguntar internamente: "¿Qué mensaje deseas transmitirme?" y dejar que la respuesta surja sin forzarla. A veces, la respuesta llegará en forma de una imagen, una palabra, o una sensación de paz que confirma que el mensaje ha sido recibido.

Otra forma de interpretar los mensajes numéricos es prestar atención a los sueños, ya que los números que aparecen en ellos suelen tener un significado especial. Al igual que en la vida cotidiana, los sueños son un espacio donde los seres queridos pueden enviar mensajes de manera simbólica. Si en un sueño aparece un número de forma clara, es recomendable anotarlo en el diario de sueños y reflexionar sobre su significado en los días siguientes. Es posible que la interpretación no sea inmediata, pero con el tiempo, el significado de ese número se revelará a medida que el lector observe cómo resuena con los eventos de su vida y con los recuerdos del ser querido.

La repetición de números también puede estar vinculada a recuerdos compartidos. Si un lector se da cuenta de que un número específico aparece cada vez que piensa en un momento particular vivido junto a su ser querido, ese número puede convertirse en un símbolo de ese recuerdo, como un guiño desde el más allá que busca mantener viva la memoria de ese instante. Por ejemplo, el número siete podría aparecer cuando el lector recuerda una tarde especial, y cada vez que lo ve, es como si el ser querido le dijera: "Estoy recordando ese momento contigo". En estos casos, el número se convierte en un puente emocional que une el presente con el pasado, reafirmando que el amor no se desvanece, sino que se transforma en signos que acompañan el día a día.

Las sincronicidades numéricas también pueden estar relacionadas con los ciclos de la naturaleza y las fases personales de la vida del lector. Números como el nueve, que simboliza el cierre de un ciclo y la preparación para un nuevo comienzo, pueden aparecer cuando una etapa de vida está llegando a su fin. Si el lector atraviesa un proceso de duelo y comienza a ver el número nueve con frecuencia, puede interpretarlo como un mensaje de que está preparado para cerrar esa etapa de dolor y abrirse a un nuevo período de aceptación y paz. De esta manera, los números se convierten en aliados, en señales que acompañan los procesos internos, ofreciendo consuelo y orientación.

La clave para interpretar los mensajes numéricos radica en la apertura y la disposición a escuchar lo que el universo tiene para decir. No se trata de buscar obsesivamente significados en cada cifra, sino de permitir que los números se presenten cuando sea el momento adecuado, confiando en que su aparición es una forma de diálogo espiritual. A través de esta práctica, el lector descubre que la vida se llena de momentos de conexión, de instantes en que lo espiritual y lo cotidiano se entrelazan, ofreciendo una guía que ilumina el camino incluso en los momentos de mayor oscuridad.

Así, al aprender a descifrar los mensajes numéricos, el lector se adentra en un proceso de descubrimiento personal y espiritual, un viaje que le permite entender que la comunicación con los seres queridos trasciende las palabras. En cada número que aparece, en cada sincronicidad que sorprende, se revela una verdad simple y profunda: el amor sigue fluyendo, encontrando formas de manifestarse a través de los detalles más pequeños, recordándonos que, aunque el tiempo avance, la esencia de lo que compartimos sigue viva, vibrando en el misterioso lenguaje de los números.

Capítulo 12
Altares Personales

El altar, como espacio sagrado, ha sido un punto de encuentro entre lo humano y lo divino desde tiempos ancestrales. En muchas tradiciones, se convierte en un lugar donde la conexión con lo espiritual se hace tangible, un rincón dedicado al recogimiento, a la meditación y a la comunicación con quienes han partido.

La creación de un altar personal no requiere de grandes espacios ni de rituales complejos. Es, ante todo, un acto de intención, un gesto de amor y de recuerdo. Al dedicar un espacio en el hogar para este propósito, el lector está marcando un lugar de encuentro entre lo visible y lo invisible, donde los recuerdos toman forma en objetos y los pensamientos encuentran un lugar para reposar. Este altar se convierte en un refugio, un lugar al que regresar cuando se sienta la necesidad de compartir una palabra, una lágrima o una sonrisa con el ser querido que ya no está en el plano físico.

El primer paso para crear un altar personal es elegir un lugar en la casa que inspire tranquilidad y que, al mismo tiempo, esté alejado de las distracciones diarias. Puede ser un rincón en la sala, una pequeña mesa en el dormitorio o incluso un estante junto a una ventana. La ubicación del altar es importante, pues debe ser un lugar que invite a la serenidad, donde el lector pueda sentarse, respirar profundo y sentirse en conexión con la energía que desea cultivar. Este espacio se convierte en un portal, un umbral donde el mundo material se encuentra con lo etéreo.

Una vez elegido el lugar, es momento de pensar en los elementos que formarán parte del altar. Cada objeto que se coloca sobre él tiene un significado profundo, ya que refleja la relación especial que se tuvo con el ser querido. Fotografías, cartas, objetos personales, velas y flores son algunos de los elementos que suelen ocupar un lugar en estos altares. Las fotografías, en particular, son como ventanas hacia momentos compartidos, imágenes que capturan la esencia de la persona amada y que permiten al lector sentir su presencia de manera más cercana. Al colocar una fotografía en el altar, se puede realizar una pequeña meditación, recordando la sonrisa, la voz y los gestos que siguen vivos en la memoria.

Las velas son otro elemento esencial en los altares personales, pues simbolizan la luz que guía el camino entre los mundos. Encender una vela en honor al ser querido es un acto simbólico que refleja la intención de iluminar su camino y de mantener viva la llama de la conexión. Las velas de color blanco son especialmente utilizadas para representar la pureza de la intención y la paz, mientras que las velas de color azul o morado pueden ayudar a crear un ambiente de calma y reflexión. Al encender la vela, se puede pronunciar una oración o un simple "estoy pensando en ti", permitiendo que la llama se convierta en un canal que atraviesa el tiempo y el espacio.

Las flores frescas, por su parte, aportan la energía vibrante de la naturaleza al altar. Cada flor tiene un simbolismo único, y la elección de una u otra puede estar guiada por el vínculo personal que se tenía con el ser querido. Una rosa blanca puede representar la pureza del amor que se compartió, mientras que un ramo de lavanda puede evocar la calma y la serenidad que se desea transmitir. Las flores no solo embellecen el altar, sino que también actúan como ofrendas que se entregan con el deseo de honrar la memoria de la persona que ha partido. A medida que las flores se marchitan, se puede sentir que la energía del recuerdo se transforma, fluyendo con los ciclos naturales de la vida y la muerte.

Otro elemento que se puede incluir en el altar son pequeños objetos personales que tengan un significado especial. Puede ser una joya que el ser querido solía llevar, un libro que leía con frecuencia, o un amuleto que recuerde un momento compartido. Estos objetos son como piezas de un rompecabezas emocional, cada uno con una historia que contar, y al colocarlos en el altar, el lector está invitando a esa historia a formar parte del presente, a seguir siendo un hilo que conecta lo que fue con lo que sigue siendo.

Para aquellos que sienten afinidad con los cristales, se pueden incorporar algunas piedras que favorezcan la conexión espiritual. El cuarzo rosa, por ejemplo, es conocido por su capacidad para amplificar el amor incondicional y la compasión, mientras que la amatista puede ayudar a crear un ambiente de meditación profunda y conexión con lo espiritual. Colocar un cristal sobre el altar, junto a la fotografía o la vela, es una forma de canalizar la energía del recuerdo y de mantener el espacio cargado de intenciones positivas.

Una práctica que puede enriquecer la experiencia del altar es la de escribir mensajes o cartas y colocarlas sobre él. Estas cartas pueden contener pensamientos que no fueron expresados en vida, deseos de paz, o simples notas de cariño que se escriben como si el ser querido pudiera leerlas desde el otro lado. Al dejarlas en el altar, se crea un espacio de diálogo simbólico, donde las palabras que no encontraron su lugar en el pasado ahora tienen un hogar. Escribir estas cartas es una forma de liberar emociones y de mantener viva la comunicación, de recordar que, aunque los cuerpos se separen, las almas pueden seguir conversando.

El altar, en su simplicidad y en su profundo significado, se convierte en un testimonio de la permanencia del amor. Es un recordatorio de que la vida sigue fluyendo, de que la energía de quienes amamos no se desvanece, sino que encuentra formas de manifestarse en los pequeños gestos cotidianos. Cada vez que el lector se sienta junto a su altar, se está permitiendo un momento de pausa, un instante de conexión donde las palabras no son necesarias, porque la presencia se siente en el silencio, en la llama que parpadea, en el aroma de las flores que llenan el aire.

El altar personal no es solo un lugar para recordar a quienes se han ido, sino también un espacio para recordar al lector mismo de la belleza de la vida, de la fuerza de la memoria y del poder de la intención. Al construir este espacio sagrado, se crea un refugio para el alma, un lugar donde el amor se convierte en una energía palpable, capaz de cruzar fronteras, de abrazar el pasado y de iluminar el presente. En cada vela encendida, en cada flor colocada, el lector descubre que, aunque el tiempo avance, la conexión con el ser querido sigue viva, resonando en el altar como un eco de lo eterno.

Una vez que un altar personal ha sido creado como un puente entre el mundo físico y el espiritual, el cuidado de este espacio sagrado se convierte en un acto de respeto y de renovación de la conexión con los seres queridos que han partido. El altar, como símbolo de presencia y memoria, requiere atención constante para mantener viva la energía que fluye a través de él. Al dedicar tiempo a su mantenimiento, el lector no solo honra la memoria de aquellos que ya no están, sino que también cuida de su propio espacio emocional y espiritual, fortaleciendo así el lazo que los une.

El primer paso para cuidar un altar es la limpieza energética, una práctica que se realiza para asegurar que el espacio permanezca libre de energías estancadas o negativas. La limpieza del altar puede ser tanto física como espiritual. En el aspecto físico, es recomendable limpiar regularmente el polvo y mantener ordenados los objetos que lo conforman, como fotografías, cristales y otros elementos simbólicos. La limpieza física del altar es una forma de demostrar dedicación y de mantener el espacio abierto y receptivo, como una casa que espera una visita importante. Es también un gesto que refleja la intención de mantener la conexión fluida y clara, mostrando que el amor y la memoria merecen un espacio limpio y cuidado.

En cuanto a la limpieza energética, esta puede realizarse utilizando herramientas naturales como el humo del incienso o la quema de hierbas como la salvia, el palo santo o el romero. Estos elementos han sido utilizados por siglos en diversas culturas para purificar ambientes y restablecer el equilibrio energético. Al encender un incienso o un manojo de hierbas secas, el lector puede rodear el altar con el humo, visualizando que la energía densa se disipa y que la luz y la paz toman su lugar. Este acto sencillo pero significativo ayuda a renovar la atmósfera del altar, creando un espacio donde la energía fluye libremente y donde la conexión espiritual puede fortalecerse sin interferencias.

Otra forma de cuidar la energía del altar es renovar periódicamente los elementos que lo componen. Las flores frescas, por ejemplo, pueden reemplazarse cuando comienzan a marchitarse, simbolizando un ciclo de vida, muerte y renacimiento que refleja el propio proceso de la conexión espiritual. Al cambiar las flores, el lector puede dedicar un momento para agradecer a las que ya cumplieron su propósito y dar la bienvenida a las nuevas, reconociendo que cada flor lleva consigo una vibración diferente, que enriquece el altar y lo llena de nuevas energías.

El uso de cristales en el altar también requiere de un mantenimiento especial, ya que estas piedras absorben y amplifican la energía del entorno. Para limpiarlos y recargarlos, se puede optar por dejarlos bajo la luz de la luna llena, sumergirlos en agua salada (si su composición lo permite) o enterrarlos en la tierra durante unas horas, permitiendo que la naturaleza restablezca su equilibrio. Cada vez que un cristal es limpiado, se renueva su capacidad de amplificar la energía del amor y del recuerdo, creando un ambiente propicio para la comunicación espiritual.

Una parte importante del mantenimiento del altar es la práctica de la meditación y la oración. Estos actos de devoción no solo sirven para mantener el espacio energéticamente activo, sino que también permiten al lector fortalecer su conexión interna con el ser querido. Al sentarse frente al altar en silencio, con la mente y el corazón abiertos, el lector puede sentir cómo la energía del espacio lo envuelve, como un abrazo sutil que trasciende el tiempo y la distancia. Esta práctica no requiere de palabras sofisticadas; basta con una intención clara, con un pensamiento de amor o con una simple expresión de gratitud.

La oración, en este contexto, se convierte en un hilo que une el mundo visible con lo invisible. Puede ser una oración tradicional, una plegaria conocida que invite a la paz, o bien, una oración personal, nacida de lo más profundo del corazón. Al recitar estas palabras frente al altar, se está reconociendo la presencia de lo espiritual y se fortalece la sensación de que, aunque la forma haya cambiado, la esencia de la relación con el ser querido permanece intacta. Las oraciones pueden ser acompañadas por el encendido de una vela, cuya llama, pequeña pero constante, simboliza la luz que guía y que nos acompaña incluso en los momentos de mayor oscuridad.

El altar también puede convertirse en un espacio para ofrendar pequeños gestos de amor, como dejar una carta escrita a mano, una fruta fresca, o incluso una piedra recogida durante un paseo en la naturaleza. Estos objetos, aunque simples, actúan como símbolos de la conexión continua, como un recordatorio de que, aunque los seres queridos ya no están en el plano físico, siguen recibiendo nuestro amor de maneras que no podemos explicar del todo, pero que sentimos en lo más profundo del ser.

Otro aspecto del cuidado del altar es la renovación de las intenciones que allí se depositan. A medida que el lector atraviesa distintas etapas en su vida, es posible que sienta la necesidad de ajustar las intenciones con las que interactúa con su altar. Al hacerlo, el lector puede tomar un momento para escribir una nueva intención en un papel y colocarla bajo una vela o junto a una foto, dejándola allí como un recordatorio constante de su propósito en la conexión con el ser querido. Esta práctica ayuda a mantener el altar como un espacio vivo, que evoluciona junto con el lector y sus procesos internos, adaptándose a cada momento de su camino espiritual.

Cuidar y mantener un altar personal no es solo una cuestión de rituales, sino también de cultivar una actitud de presencia y respeto hacia lo sagrado. Es un compromiso con la memoria y con el amor que trasciende la ausencia física. Cada vez que se limpia el altar, que se enciende una vela, que se reemplaza una flor, el lector está reafirmando su intención de mantener viva la conexión, de seguir conversando con aquellos que habitan el recuerdo y que, de alguna manera, siguen acompañando desde el otro lado.

En este espacio sagrado, lo cotidiano y lo trascendente se encuentran. El altar se convierte en un lugar donde el lector puede sentirse escuchado, donde las lágrimas encuentran consuelo y donde las risas compartidas vuelven a resonar en el eco del silencio. Al cuidar de este espacio, el lector cuida también de su propio corazón, recordándose a sí mismo que el amor no se disipa, sino que se transforma, encontrando nuevos caminos para manifestarse. El altar, entonces, no es solo un rincón de la casa, sino un rincón del alma, un lugar donde la vida y la muerte se abrazan, donde el tiempo se detiene y donde, en cada gesto de cuidado, la presencia de los seres queridos se vuelve tan real como la luz de la vela que arde suavemente en la penumbra.

Capítulo 13
Cristales y Conexión Espiritual

Desde tiempos inmemoriales, los cristales han sido considerados como piedras de poder, capaces de almacenar y amplificar la energía. Estas joyas de la tierra, nacidas de procesos naturales que se desarrollan a lo largo de millones de años, guardan en su estructura una energía pura que puede ser canalizada para diversos fines espirituales.

La energía de los cristales se percibe de manera sutil, pero su influencia puede sentirse de manera profunda cuando se utilizan con intención clara. Cada tipo de cristal posee una vibración particular, una resonancia que lo hace más adecuado para ciertos propósitos. Algunos cristales son conocidos por su capacidad de abrir el corazón, mientras que otros ayudan a elevar la conciencia, a limpiar energías densas o a facilitar la meditación. Para aquellos que desean utilizar los cristales como medio de conexión con el mundo espiritual, es esencial conocer las propiedades de cada piedra y cómo integrarlas en su práctica.

Uno de los cristales más recomendados para la conexión espiritual es el cuarzo rosa, la piedra del amor incondicional. Su energía suave y envolvente ayuda a sanar heridas emocionales y a abrir el corazón, creando un espacio de receptividad donde las energías del amor pueden fluir libremente. Al utilizar el cuarzo rosa en un altar personal, junto a la fotografía de un ser querido, se está creando un ambiente de ternura y compasión, un lugar donde las memorias compartidas se sienten más cercanas y donde la conexión se hace más palpable. Este cristal también puede ser sostenido durante meditaciones, visualizando cómo su luz rosada envuelve al lector y al ser querido, uniendo ambos corazones a través de un lazo de amor eterno.

La amatista, por otro lado, es conocida como la piedra de la transformación y la conciencia superior. Su tono violeta evoca la conexión con planos más elevados de la existencia y se dice que facilita la comunicación con el mundo espiritual, abriendo la mente a percepciones sutiles y a mensajes que no siempre llegan de manera directa. Para quienes buscan una conexión más profunda a través de sueños o de visiones, la amatista puede ser colocada bajo la almohada o junto al lecho antes de dormir. Esto ayuda a crear un puente entre la conciencia y el inconsciente, permitiendo que los sueños se conviertan en un espacio de encuentro con los seres queridos. Al despertar, se puede anotar cualquier imagen o sensación que haya surgido, prestando atención a los mensajes que la amatista haya ayudado a revelar.

La selenita, una piedra de vibración pura y alta, es otra gran aliada para quienes desean limpiar y elevar la energía de un espacio. Se dice que la selenita actúa como un rayo de luz que disipa las sombras, creando un ambiente claro donde la comunicación espiritual se facilita. Colocar una varita de selenita sobre un altar o usarla para rodear un cristal más pequeño ayuda a potenciar su energía, amplificando las intenciones que se desean enviar al ser querido. La selenita también puede ser utilizada para limpiar otros cristales, colocándolos sobre ella durante la noche, como si la luz de la piedra los purificara y preparara para un nuevo ciclo de uso.

El cuarzo cristalino, por su transparencia y pureza, es conocido como el "maestro sanador", un cristal versátil que puede ser programado con diversas intenciones. Sostener un cuarzo en las manos mientras se medita, concentrando los pensamientos en un mensaje específico para el ser querido, puede ayudar a enviar esa intención de manera más clara. Este cristal actúa como una antena que transmite y recibe energía, y puede ser colocado sobre una carta escrita para amplificar la energía de las palabras. En momentos de tristeza, el cuarzo cristalino puede ser un apoyo, una presencia serena que ayuda a elevar la vibración y a recordar que la conexión con el ser querido sigue presente, más allá del plano material.

Es importante recordar que cada cristal tiene su propio ritmo, y que la conexión con ellos se fortalece con el tiempo. Al integrar los cristales en la práctica espiritual, el lector puede desarrollar una relación personal con ellos, sintiendo su energía y aprendiendo a utilizarlos de manera intuitiva. Una forma sencilla de comenzar es sostener cada cristal en la mano durante unos minutos, cerrando los ojos y sintiendo la forma en que la piedra interactúa con la propia energía. Tal vez el lector sienta un calor sutil, un ligero hormigueo, o simplemente una sensación de calma. Estas percepciones son la forma en que los cristales nos hablan, mostrando cómo pueden ser aliados en el camino de la conexión espiritual.

Al crear un espacio para los cristales dentro del hogar o del altar, se les invita a formar parte de un entorno que busca la paz y la armonía. Los cristales pueden ser colocados en patrones geométricos, como círculos o espirales, formando una rejilla energética que fortalece la intención de conexión. Este tipo de disposición, conocida como "mandala de cristales", ayuda a enfocar la energía en un propósito específico, como enviar amor al ser querido o facilitar un sueño significativo. Cada cristal en el mandala actúa como un nodo que canaliza la energía del universo, tejiendo una red invisible que conecta el mundo material con lo etéreo.

Para quienes buscan una experiencia más profunda, una práctica poderosa consiste en utilizar los cristales durante la meditación guiada. Con el cristal elegido en las manos, se pueden realizar respiraciones profundas, visualizando cómo la luz de la piedra envuelve todo el cuerpo, creando una burbuja de protección y de amor. En este estado de calma, se puede imaginar que el ser querido aparece en un paisaje de paz, y que ambos se encuentran para compartir un momento de silencio y de comunicación. Esta práctica no solo fortalece el vínculo espiritual, sino que también ofrece un espacio de sanación, donde el lector puede expresar lo que siente y recibir la respuesta a través de sensaciones sutiles.

La elección de cada cristal es un acto de intuición y de escucha interna. No se trata de seguir reglas rígidas, sino de permitir que la intuición guíe la mano hacia la piedra que más resuene en cada momento. Cada vez que un lector elige un cristal para trabajar con la energía del ser querido, está permitiendo que el universo se exprese a través de lo tangible, creando un canal de comunicación que trasciende las barreras del tiempo y del espacio.

Los cristales, con su presencia serena y su energía constante, se convierten en aliados en este viaje de conexión con lo invisible. A través de ellos, el lector descubre que la naturaleza guarda en su interior una sabiduría ancestral, un recordatorio de que todo en el universo está interconectado, y que el amor que compartimos sigue vibrando, cristalizado en cada piedra, esperando ser redescubierto a través del toque, la meditación y la intención.

Una vez que se han explorado las cualidades y las energías específicas de los cristales, el siguiente paso es aprender a integrarlos de manera práctica en el proceso de conexión espiritual. Los cristales, además de ser objetos de gran belleza y presencia, actúan como catalizadores energéticos que pueden amplificar nuestras intenciones, facilitar la comunicación con los seres queridos y crear un ambiente de paz y reflexión.

Uno de los métodos más poderosos para trabajar con cristales es la meditación dirigida. La meditación con cristales puede ser un medio directo para sintonizar con la energía de un ser querido, utilizando la vibración de la piedra como un puente entre ambos mundos. Para realizar esta práctica, el lector puede elegir un cristal que resuene con la intención de la conexión, como el cuarzo rosa para el amor, la amatista para la comunicación espiritual, o la selenita para la limpieza y la claridad. Sostener el cristal en las manos, cerrar los ojos y realizar respiraciones profundas, permite que la mente se serene y que la energía de la piedra se alinee con la propia vibración.

Durante la meditación, se puede visualizar al ser querido rodeado por la luz del cristal, imaginando que esta energía envuelve a ambos en un espacio seguro y luminoso. Esta luz, que emana del cristal, actúa como un canal a través del cual las intenciones, los pensamientos y los sentimientos pueden ser transmitidos de manera más clara y directa. Al finalizar la meditación, el lector puede dejar el cristal sobre el altar, permitiendo que siga irradiando su energía durante el resto del día, manteniendo activa la conexión establecida durante el ejercicio.

Otra forma de utilizar los cristales en el proceso de conexión espiritual es colocarlos junto a fotografías o cartas escritas a mano. Cuando el lector escribe una carta a su ser querido, expresando pensamientos, deseos o recordando momentos especiales, puede colocar un cristal sobre la carta como un sello energético, amplificando la intención que se ha vertido en las palabras. Dejar el cristal sobre la carta durante una noche o durante un ciclo lunar, como la luna llena, ayuda a que la energía de la intención se cargue y se envíe hacia el ser querido, como un mensaje que trasciende las fronteras del tiempo.

La limpieza de los cristales es una parte fundamental del trabajo con ellos, ya que estos tienden a absorber las energías del entorno. Limpiar y recargar los cristales no solo renueva su energía, sino que también fortalece su capacidad de actuar como conductores de intenciones. Existen varias formas de limpiar los cristales, siendo una de las más efectivas el uso de agua corriente (para cristales que no sean sensibles a la humedad), pasarlos por el humo de una varita de salvia o de palo santo, o colocarlos bajo la luz de la luna llena. La luz de la luna es especialmente poderosa para recargar cristales destinados a la comunicación espiritual, pues potencia la conexión con lo etéreo y facilita la transmisión de mensajes.

Además de la limpieza energética, los cristales pueden ser "programados" con una intención específica. Programar un cristal es un acto de concentración y voluntad, en el que el lector establece una intención clara para la piedra. Para ello, se sostiene el cristal entre las manos, se cierra los ojos y se expresa en voz alta o en pensamiento cuál es el propósito para el cual se quiere utilizar. Por ejemplo, si se desea que un cuarzo actúe como un canal para recibir mensajes en sueños, se puede programar diciendo: "Que este cristal me ayude a recibir la guía de mi ser querido a través de mis sueños". Al hacerlo, el cristal se convierte en un aliado consciente en el proceso de conexión.

Otra práctica muy útil es la creación de un círculo de cristales, conocido como una rejilla de cristal. Estas rejillas consisten en disponer varios cristales en forma de patrones geométricos sobre una superficie plana, alrededor de una fotografía, una carta, o un objeto que pertenezca al ser querido. Cada cristal colocado en la rejilla actúa como un nodo de energía, y juntos crean un campo de energía que amplifica la intención central. La forma más simple de una rejilla es un círculo, que simboliza la totalidad y la continuidad, pero también se pueden experimentar formas como triángulos, hexágonos o estrellas, dependiendo del propósito de la conexión.

La disposición de una rejilla de cristales puede ser una experiencia meditativa en sí misma, un momento en el que el lector puede concentrarse en cada piedra mientras la coloca, sintiendo cómo cada cristal aporta su energía al conjunto. Al terminar la disposición de la rejilla, se puede encender una vela en el centro y recitar una oración o un pensamiento dirigido al ser querido, permitiendo que la energía fluya de manera armoniosa entre los cristales y se expanda hacia el universo. Las rejillas son especialmente útiles cuando se desea mantener una intención activa durante varios días, como la sanación de un proceso emocional o la recepción de señales y sueños significativos.

Los cristales también pueden ser usados para el trabajo corporal, especialmente aquellos que ayudan a alinear y desbloquear los chakras. Cada chakra está asociado a un color y a una frecuencia energética, y los cristales correspondientes pueden ser colocados sobre el cuerpo para armonizar estas energías. Por ejemplo, un cuarzo rosa puede ser colocado sobre el centro del corazón (chakra del corazón) para ayudar a liberar sentimientos de tristeza y abrirse a la energía del amor. De forma similar, la amatista sobre el tercer ojo (chakra del entrecejo) puede facilitar la percepción de mensajes sutiles y la intuición. Este tipo de trabajo corporal con cristales se convierte en una forma de cuidar no solo la conexión espiritual, sino también el bienestar integral del lector.

Otra forma de trabajar con cristales es crear un "elixir de cristal", utilizando piedras que puedan sumergirse en agua sin dañarse. Se coloca el cristal en un recipiente de vidrio lleno de agua y se deja reposar bajo la luz de la luna durante varias horas. La energía del cristal se impregna en el agua, que luego puede ser utilizada para beber, para limpiar el altar o para rociar el espacio donde se realizan las meditaciones. Este agua cargada con la vibración del cristal lleva consigo la intención de conexión y puede ser una forma de nutrir el cuerpo y el espíritu con la energía que se desea manifestar.

El uso de cristales en la práctica espiritual no solo amplifica la energía, sino que también invita a un proceso de introspección y autoconocimiento. A través de estas piedras, el lector se sumerge en un diálogo con la naturaleza, recordando que lo espiritual y lo material están profundamente entrelazados. Los cristales, con su presencia silenciosa y su luz interna, se convierten en compañeros de camino, recordándonos que, al igual que ellos, somos parte de un proceso de transformación y evolución que nunca se detiene.

En cada meditación, en cada rejilla, en cada momento de silencio compartido con los cristales, se renueva la certeza de que la conexión con los seres queridos sigue viva, vibrando en la frecuencia de lo eterno. Al usar los cristales, el lector descubre un lenguaje de formas y luces, una comunicación sin palabras que se siente en el corazón y que se expande más allá del tiempo y el espacio, creando un puente hacia aquello que siempre ha estado ahí, esperando ser redescubierto.

Capítulo 14
El Poder de las Oraciones

Desde tiempos ancestrales, las oraciones han sido un puente entre el mundo visible y el invisible, un canal a través del cual las intenciones, los deseos y las emociones pueden trascender los límites del tiempo y el espacio.

La oración es un acto de entrega y de conexión profunda con el alma. No requiere de fórmulas complicadas ni de ritos elaborados; su esencia reside en la sinceridad de las palabras y en la pureza de la intención. Al pronunciar una oración, el lector puede visualizar que sus pensamientos y sentimientos se elevan como un susurro hacia el mundo espiritual, tocando el alma de su ser querido que ya ha partido. Es en este acto de invocación donde se encuentra la fuerza transformadora de la oración: en la certeza de que cada palabra es escuchada y acogida en el vasto misterio que nos rodea.

Las oraciones pueden tomar muchas formas: desde una sencilla frase de amor y gratitud hasta invocaciones que nacen del dolor de la pérdida y el deseo de consuelo. Cada oración lleva consigo una energía particular, que puede ser de sanación, de perdón, de despedida o de conexión. En este sentido, la oración no solo es un canal para enviar mensajes, sino también una herramienta para sanar el propio corazón. Es un espacio donde el lector puede expresar aquello que no ha podido decir en vida, liberando así emociones que quizá han quedado atrapadas en el silencio.

En la tradición de muchas culturas, las oraciones tienen el poder de abrir portales entre los mundos, creando un espacio donde los vivos y los espíritus pueden encontrarse. Es por ello que, en ocasiones especiales como aniversarios, festividades espirituales o momentos de profunda introspección, la oración se convierte en un acto especialmente poderoso. El lector puede elegir estos momentos para orar, sintiendo que el velo que separa los mundos se vuelve más delgado, permitiendo que las palabras pronunciadas con el corazón lleguen a su destino con mayor fuerza y claridad.

Las oraciones, además, pueden ser personalizadas, reflejando la relación única que el lector tuvo con su ser querido. No hay necesidad de seguir un formato específico, ya que la autenticidad es lo que les da poder. Se puede incluir un recuerdo feliz, un agradecimiento, o simplemente la expresión de cuánto se echa de menos a esa persona. De este modo, la oración se convierte en un diálogo íntimo y sagrado, un encuentro de almas que va más allá de las barreras de la muerte.

El acto de orar también está relacionado con la repetición. En muchas tradiciones, repetir una oración crea un ritmo, una vibración que resuena en el espacio espiritual. Es como lanzar una piedra en un lago sereno y observar cómo las ondas se expanden, alcanzando rincones lejanos de la superficie. De la misma forma, al repetir una oración, el lector puede sentir cómo la energía de sus palabras se expande, tocando aquello que es invisible, pero que, de algún modo, siempre está presente.

Existen también oraciones que invocan la presencia de fuerzas protectoras y de guías espirituales. Estas entidades, que en muchas culturas se conocen como ángeles, ancestros o espíritus guías, pueden actuar como mensajeros entre el lector y su ser querido. Invocar la presencia de estas energías puede ofrecer un sentido de amparo y acompañamiento, como si el lector estuviera sostenido por una red de luz que lo conecta no solo con su ser querido, sino con una sabiduría ancestral que lo trasciende.

La oración, en este sentido, se convierte en una práctica que nutre tanto al que la pronuncia como al destinatario de sus palabras. Al orar, el lector no solo envía una energía al más allá, sino que también recibe, en forma de paz y consuelo, la respuesta de aquellas fuerzas que lo escuchan. Este intercambio de energías crea un círculo de amor y de luz que se expande hacia el infinito, recordando que la conexión con los seres que amamos nunca se pierde, sino que se transforma en una presencia sutil y constante.

En la quietud de la noche, cuando el mundo descansa, o al amanecer, cuando la luz comienza a despertar la vida, son momentos propicios para la oración. En estos instantes de transición, el lector puede sentirse más cercano al ritmo del universo, y sus palabras encuentran una resonancia especial. En cada amanecer, la luz que despide la oscuridad puede ser vista como un símbolo de esperanza y de renovación, un recordatorio de que, aunque la ausencia de los seres queridos se sienta, siempre existe la posibilidad de una nueva forma de comunicación, más allá de las palabras y de los gestos físicos.

Al final, la oración es un puente que nos recuerda que lo espiritual está siempre presente en lo cotidiano. Es un recordatorio de que, aunque nuestros seres queridos ya no estén en este mundo, su esencia sigue viva en cada pensamiento, en cada susurro, en cada hoja que cae, llevada por el viento. Orar es, entonces, una forma de mantener viva esa conexión, de honrar su memoria y de encontrar consuelo en la certeza de que el amor trasciende las fronteras del tiempo y el espacio.

Con cada palabra pronunciada, el lector se convierte en un viajero entre los mundos, un explorador de la profundidad de su propio corazón y de los misterios que envuelven a la existencia. La oración se convierte así en un faro de luz que guía su camino, iluminando tanto los momentos de tristeza como los de esperanza, y recordando que, al final, cada ser querido vive en las palabras que aún guardamos para ellos, en las oraciones que siguen flotando en el aire, como un eco que nunca se apaga.

Cada oración es única, un reflejo de la relación que el lector ha tenido con su ser querido. No existen fórmulas rígidas; lo que importa es la sinceridad con la que se formulan las palabras. Este proceso de personalización permite que la energía de la oración sea más fuerte, pues nace de un lugar de autenticidad y de amor genuino. El lector puede comenzar recordando un momento especial, describiendo cómo el amor por esa persona sigue vivo y expresando lo que desea transmitir. En este sentido, la oración se convierte en una carta espiritual, un puente que une dos mundos.

Para ayudar en la creación de estas oraciones, se recomienda iniciar en un espacio de tranquilidad, donde el lector se sienta seguro y en paz. Puede encender una vela, elegir un cristal que le resuene o simplemente cerrar los ojos y respirar profundamente, conectándose con su ser interior. Este acto de preparación ayuda a elevar la vibración del espacio, creando un ambiente propicio para que la oración fluya con naturalidad y claridad. Es en este momento de recogimiento donde las palabras pueden surgir desde lo más profundo del alma, como una cascada suave que fluye hacia el mundo espiritual.

A medida que se redactan estas oraciones, es importante permitir que las emociones afloren, sin censuras ni juicios. Cada lágrima, cada sonrisa evocada en el proceso, forma parte del mensaje que se desea enviar. El lector puede incluir agradecimientos, rememorar risas compartidas, y hasta expresar aquellas cosas que quedaron sin decir. De esta forma, la oración se convierte en un acto de sanación mutua, donde el lector libera su carga emocional y, al mismo tiempo, entrega un regalo de amor al ser querido.

Una de las prácticas sugeridas es la de escribir la oración en un papel, como si se tratara de una carta. Al escribir, el lector se conecta de manera más profunda con sus sentimientos, y la energía de cada palabra se impregna en el papel. Esta carta puede guardarse en un lugar especial, ofrecida en un altar, o quemarse para que las palabras se eleven con el humo hacia el cielo. Este acto simbólico, de ver las palabras convertirse en cenizas que ascienden, ayuda a visualizar el mensaje llegando a su destino, como un hilo de luz que atraviesa el velo entre los mundos.

Otra práctica sugerida es la de combinar las oraciones con la naturaleza, como dejar que el viento lleve las palabras. Esto se puede hacer leyendo la oración en voz alta en un lugar al aire libre, como una montaña, un río o la orilla del mar, dejando que la brisa se lleve cada palabra y cada sentimiento. El lector puede imaginar que, con cada ráfaga de aire, su mensaje es transportado más allá del horizonte, llegando a aquellos que habitan en la dimensión espiritual. Así, el acto de orar se convierte en un diálogo con el cosmos, un intercambio de energía entre lo terrenal y lo sagrado.

En momentos de profunda nostalgia, el lector puede optar por crear oraciones nocturnas, aprovechando la calma de la noche para entrar en un estado meditativo. Mirando las estrellas, cada palabra puede ser enviada como un destello hacia el firmamento, una chispa que viaja entre las constelaciones, llevando consigo el mensaje de amor y recuerdo. En la quietud de la noche, las palabras parecen adquirir un eco especial, resonando en la vastedad del universo y tocando las puertas de lo eterno.

La repetición de las oraciones, como se mencionó previamente, puede potenciar su energía. Repetir una oración en un mismo momento cada día, durante un ciclo lunar completo, por ejemplo, permite que la intención se fortalezca con cada repetición. Este ritual de constancia no solo refuerza el vínculo espiritual, sino que también ayuda al lector a integrar la práctica de la oración como un hábito de conexión cotidiana, como un faro que guía sus pensamientos y sus sentimientos hacia el ser querido.

Es importante recordar que la oración no siempre necesita ser seria o solemne. Puede ser también un espacio para reír, para recordar anécdotas que generen sonrisas y alivien el peso del luto. El lector puede hablar de los momentos divertidos compartidos, de las cosas pequeñas que hacía la persona y que le siguen trayendo alegría. Estas oraciones ligeras también son una forma de honrar la vida y la esencia del ser querido, celebrando el amor y la luz que aún persisten en los recuerdos.

A lo largo de este proceso de creación de oraciones personales, el lector descubrirá que el acto de orar es tan transformador para él como para el destinatario de sus mensajes. Al permitir que sus sentimientos fluyan, se abre un espacio de vulnerabilidad que le permite sanar, liberar, y encontrar consuelo en la certeza de que sus palabras no se pierden en el vacío. Cada oración que se pronuncia, cada carta que se quema o cada palabra que el viento arrastra, se convierte en un lazo de conexión que trasciende el tiempo y la distancia.

La oración, por tanto, es un arte que cada lector puede moldear a su manera, un acto creativo que nace de lo más profundo de su ser. Al final, lo que importa no es la perfección de las palabras, sino la honestidad de los sentimientos. Es así como, en cada oración personal, el lector se transforma en un artesano de lo sagrado, un tejedor de hilos invisibles que unen el mundo de los vivos con el de los espíritus, recordando que el amor siempre encuentra un camino para ser escuchado.

Capítulo 15
Música y Vibraciones

Desde tiempos inmemoriales, la música ha sido considerada un lenguaje sagrado, un vehículo que trasciende las barreras del tiempo y el espacio, uniendo a los seres humanos con el universo y con aquello que va más allá de lo visible. La música, con sus melodías y ritmos, crea vibraciones que pueden resonar profundamente en el alma, despertando emociones latentes y abriendo caminos hacia dimensiones espirituales.

Cada nota musical, cada acorde, lleva consigo una energía que, cuando se combina con la intención adecuada, puede convertirse en un canal potente de comunicación. En muchas culturas, las canciones y los cánticos han sido usados para invocar la presencia de espíritus, para rendir tributo a los ancestros y para conectar con lo divino. Esta práctica, que persiste hasta hoy, nos recuerda que la música es capaz de abrir puertas hacia lo invisible, de tocar esos lugares profundos donde la mente racional no alcanza, y de crear un espacio donde lo espiritual puede manifestarse de manera sutil y poderosa.

El lector puede utilizar la música para crear un ambiente propicio para la meditación y la introspección, momentos en los que la mente se relaja y el alma se abre para recibir mensajes y señales. Las melodías suaves, como el sonido de un cuenco tibetano, el murmullo de un arpa o los acordes de un piano tocado con delicadeza, pueden elevar la frecuencia vibratoria de un espacio, transformándolo en un santuario donde el espíritu se siente libre para comunicarse. La elección de la música es importante, ya que cada tipo de sonido tiene su propia resonancia y puede evocar diferentes estados emocionales y espirituales.

Entre los tipos de música más recomendados para estos momentos de conexión se encuentran los cantos gregorianos, las frecuencias de solfeggio, y la música clásica. Estas melodías tienen la capacidad de inducir un estado de serenidad, invitando al lector a entrar en una frecuencia en la que su energía se alinea con la de su ser querido. Las frecuencias de solfeggio, en particular, son conocidas por sus efectos armonizadores y curativos, siendo la frecuencia de 528 Hz una de las más populares para trabajos de conexión espiritual, ya que se dice que resuena con el amor y la sanación.

Otra forma de usar la música como un canal espiritual es a través de la creación de canciones o melodías propias. Al entonar una canción dedicada a un ser querido, el lector puede sentir que su voz se convierte en un eco que viaja a través de los planos, llevando consigo las palabras y sentimientos que surgen del corazón. No es necesario ser un músico profesional; lo que importa es la sinceridad con la que se emiten los sonidos, la intención que se imprime en cada nota y el deseo genuino de conectar con la esencia del ser querido. Una simple melodía tarareada con amor puede ser tan poderosa como la más elaborada de las sinfonías.

El canto también tiene un lugar especial en esta práctica. En muchas tradiciones, el uso de mantras o cánticos específicos se ha empleado como una forma de elevar la conciencia y abrir portales hacia lo espiritual. Mantras como el "Om", considerado el sonido primordial del universo, pueden ayudar al lector a sincronizarse con la energía cósmica, facilitando así la comunicación con el mundo espiritual. Repetir un mantra, como un susurro que se extiende en el silencio, es un acto que puede llenar el espacio de una vibración constante, que envuelve y conecta.

El lector puede experimentar con diferentes géneros y estilos de música hasta encontrar aquellos que resuenen más con su espíritu. Tal vez una canción que solía escuchar con su ser querido, que evoca memorias compartidas, pueda convertirse en un medio para sentir su presencia. O quizás una melodía instrumental, libre de palabras, le permita viajar a través de las emociones sin ser limitado por el lenguaje. La música tiene la capacidad de crear atmósferas que, de alguna manera, nos hacen sentir que lo invisible se vuelve tangible, que los recuerdos se convierten en un lazo que une los corazones más allá de la vida y la muerte.

Las experiencias de conexión a través de la música son profundamente personales. Algunos lectores pueden sentir una sensación de paz profunda, como si su ser querido estuviera presente en la habitación, mientras que otros pueden percibir una brisa suave, un escalofrío que recorre la piel, o una luz que parece hacerse más intensa. Son señales sutiles, pero cargadas de significado, que pueden indicar que el mensaje ha sido recibido, que la melodía ha encontrado su camino hacia el alma de aquel a quien va dirigida.

La música, como las palabras, tiene la capacidad de transmitir mensajes cargados de emoción, y cuando se utiliza con la intención de conectar con un ser querido, cada acorde, cada pausa, se convierte en un lenguaje espiritual. Es un lenguaje que no necesita traducción, porque habla directamente al alma. Al finalizar una sesión de escucha o de creación musical, es importante que el lector tome un momento de silencio para permitir que la energía de la música se asiente, para dejar que las vibraciones se integren y se expandan hacia donde deban ir.

Una playlist espiritual no es solo una colección de canciones; es una experiencia diseñada para guiar al alma a través de diferentes estados de ánimo y frecuencias vibracionales. La elección de cada pieza musical debe ser consciente y guiada por la intención. Se recomienda al lector empezar por identificar las emociones y energías que desea invocar: paz, consuelo, apertura emocional o incluso la alegría que alguna vez compartió con su ser querido. A partir de estas intenciones, puede seleccionar canciones que resuenen con esos sentimientos.

Para los momentos de meditación profunda y conexión, las frecuencias binaurales y la música ambiental pueden ser especialmente útiles. Las frecuencias binaurales, que son sonidos diseñados para inducir estados de relajación o meditación, pueden ayudar al cerebro a entrar en ondas cerebrales alfa o theta, estados en los cuales la mente se relaja y se vuelve más receptiva a las señales espirituales. Por ejemplo, una frecuencia de 432 Hz se considera armoniosa y balanceada, alineada con las vibraciones de la naturaleza, y puede ser ideal para momentos de introspección y meditación.

Las playlists pueden incluir no solo música tradicional, sino también sonidos naturales como el murmullo del agua, el canto de los pájaros, la lluvia cayendo suavemente o el crujido de las hojas bajo los pies. Estos sonidos, que evocan la presencia de la naturaleza, ayudan a crear un ambiente que facilita la conexión con el mundo espiritual. Los seres queridos que han partido, al igual que los seres que habitan otros planos, parecen sentirse atraídos por la pureza de los sonidos naturales, que evocan la tranquilidad de lo eterno.

Estas canciones pueden ser una forma de traer a la mente momentos especiales, como aquellas melodías que solían escucharse juntos, canciones que traen consigo una sensación de familiaridad y calidez. Cada vez que estas melodías suenan, el lector puede sentir como si una parte de esos recuerdos volviera a tomar vida, como si las notas fueran un puente hacia el pasado, hacia lo eterno.

Otra técnica poderosa es la combinación de música instrumental con la lectura de oraciones o textos sagrados. Esta práctica es especialmente útil para aquellos que buscan mantener un enfoque espiritual mientras escuchan la música. Leer un salmo, un poema dedicado al ser querido, o una oración personal mientras suenan de fondo melodías suaves, amplifica la energía de las palabras, permitiendo que se eleven con la vibración de la música. Es un proceso de sincronización entre la palabra y el sonido, que crea un ambiente de profunda devoción y conexión.

Además, se sugiere incluir en la playlist cánticos espirituales o mantras que, a través de su repetición, inducen un estado de meditación y apertura del corazón. Cánticos tradicionales como el "Om Mani Padme Hum", que evoca la compasión y la paz, pueden ayudar a crear un ambiente propicio para la comunicación espiritual. El ritmo constante de un mantra cantado en coro genera una vibración que puede sentirse en todo el cuerpo, como un pulso que resuena en el pecho y que se expande hacia el espacio a su alrededor, llenando la atmósfera de una energía especial.

El lector también puede explorar el poder de las melodías que no tienen letra, aquellas que se expresan solo a través de los instrumentos. El arpa, el violonchelo, y la flauta, por ejemplo, pueden crear paisajes sonoros que invitan a la introspección y a la conexión espiritual. Sin la distracción de las palabras, la mente se deja llevar por el flujo de las notas, permitiendo que el corazón encuentre su propio lenguaje, más allá de lo verbal, para comunicarse con el ser amado.

Crear una playlist espiritual no es un proceso que deba apresurarse. Se invita al lector a tomar el tiempo necesario para escuchar y sentir cada pieza, para percibir cómo cada melodía resuena en su interior antes de añadirla a la lista. De esta forma, cada canción se convierte en un hilo que teje una red de intenciones, creando un espacio seguro y sagrado donde las energías del lector y las de su ser querido pueden encontrarse y entrelazarse.

Capítulo 16
Velas y Luz Espiritual

La llama de una vela ha sido, desde tiempos remotos, un símbolo de esperanza, de conexión y de presencia espiritual. El acto de encender una vela trasciende la simple acción de prender fuego a una mecha. Se trata de un ritual que nos conecta con el misterio de la luz en la oscuridad, de la vida en la sombra, un acto que une lo visible con lo invisible.

Las velas, al ser encendidas con una intención clara, actúan como faros que guían la energía y abren caminos entre los planos. Su luz es vista como un canal, una manifestación física del calor y la vibración que queremos enviar. Para muchas culturas, el encendido de una vela representa el despertar de la conciencia espiritual, un llamado a las almas que vagan más allá del velo, invitándolas a acercarse con la luz de la paz y la serenidad. La luz de la vela se convierte, así, en un puente luminoso que traza una línea entre el mundo material y el espiritual.

La elección de la vela, sin embargo, no es casual. Las diferentes formas, colores y tipos de cera tienen un significado particular y pueden influir en el propósito de la conexión espiritual. Las velas blancas, por ejemplo, son las más comunes para este tipo de prácticas, ya que su color simboliza la pureza, la paz y la protección. Son ideales para momentos en los que se busca un contacto sereno y lleno de amor, donde la intención es transmitir un mensaje de calma y consuelo.

Por otro lado, las velas de color azul claro pueden ayudar a fortalecer la comunicación espiritual, ya que se asocian con el chakra de la garganta, el centro de la expresión. Encender una vela azul mientras se piensa en un ser querido puede ser útil para enviar mensajes de forma clara y sincera. Las velas rosas son adecuadas cuando la intención principal es expresar amor, gratitud y conexión emocional profunda. Se recomienda al lector que elija el color de la vela en función del sentimiento o el mensaje que desee transmitir, permitiendo que la energía de cada tonalidad apoye su intención.

El momento del día en que se enciende la vela también puede tener un impacto en la energía del ritual. Al amanecer, las velas ayudan a invocar la renovación y la esperanza, una forma de iniciar el día con la luz de la presencia espiritual guiando cada paso. Al anochecer, la vela puede ser un refugio, un símbolo de protección y de despedida al cerrar el día, permitiendo que la luz ilumine la oscuridad y ofreciendo un espacio de paz antes del descanso. De este modo, el lector puede encontrar el momento más adecuado para cada ritual, según la conexión que busque fortalecer.

Una vez encendida, la llama de la vela puede ser usada como un punto de enfoque durante la meditación. Fijar la mirada en el danzar de la llama, observar cómo sube y baja, cómo se inclina con el aire y cómo su luz tiembla pero no se apaga, permite que la mente se relaje y se concentre en la energía del momento. Este acto de contemplación puede ayudar al lector a entrar en un estado de trance ligero, donde sus pensamientos se aquietan y el corazón se abre para sentir la presencia del ser amado. La llama se convierte en una metáfora de la conexión que, aunque frágil, sigue viva y brillante.

Además de ser un canal de comunicación, la vela actúa como un faro de protección. Muchos rituales tradicionales incluyen el encendido de velas para protegerse de energías negativas y para crear un espacio sagrado donde la comunicación espiritual puede fluir sin interferencias. En este sentido, encender una vela al comenzar un ritual de conexión o de meditación es como trazar un círculo de luz que delimita un espacio seguro, donde el lector y su ser querido pueden encontrarse en paz.

El uso de aceites esenciales y hierbas también puede potenciar el poder de las velas. Al ungir una vela con aceites como el de lavanda, que promueve la tranquilidad, o el de rosa, que fortalece la vibración del amor, se amplifica la intención con la cual se enciende la llama. Las hierbas secas, como la salvia y el romero, pueden ser colocadas alrededor de la base de la vela para crear una atmósfera aún más propicia para la conexión. El aroma que se libera al calentarse la cera crea un ambiente envolvente que facilita la elevación de la energía espiritual.

La vela, con su tenue resplandor, es un recordatorio de que la luz siempre está presente, incluso en los momentos más oscuros de la ausencia. Es una señal de que, a pesar de la distancia entre los mundos, siempre hay una chispa de conexión que se puede encender, una chispa que nos mantiene unidos a aquellos que amamos. La vela, al ser encendida, marca el inicio de un diálogo espiritual que no necesita de palabras para ser comprendido, un diálogo que se siente en el calor de la llama y en la suavidad de su luz.

Una de las formas más comunes de trabajar con velas es encender una en momentos de recuerdo, como los aniversarios de nacimiento o de fallecimiento. En estos días significativos, la vela actúa como un faro que ilumina el vínculo entre el lector y su ser querido, manteniendo viva la memoria en el presente. Para este ritual, se recomienda utilizar una vela blanca o azul claro, encendiéndola al amanecer y dejándola arder hasta que la luz del día se desvanezca. Mientras la vela arde, el lector puede sentarse frente a ella, meditar sobre los recuerdos compartidos y hablar en voz baja, como si estuviera conversando con el ser amado. La llama, en su danza constante, parece responder, llevándose cada palabra como un susurro al otro lado del velo.

Otro ritual potente es el encendido de velas al anochecer, en especial durante los momentos de cambio de estación o de luna llena, cuando la energía del entorno se intensifica y se vuelve propicia para la comunicación espiritual. Este ritual se centra en el acto de liberar mensajes y pensamientos que han quedado sin decir. Se sugiere escribir una carta dirigida al ser querido y luego leerla en voz alta frente a la llama de una vela. A medida que se pronuncian las palabras, la carta puede ser quemada lentamente, permitiendo que el humo se eleve hacia el cielo, llevando consigo los mensajes de amor, arrepentimiento o gratitud. La vela, en este contexto, actúa como un puente que transforma las palabras en energía etérea, dispuesta a viajar más allá de lo tangible.

Para quienes buscan protección espiritual o un sentimiento de paz en sus hogares, existe un ritual que consiste en encender una vela en cada esquina de una habitación, preferiblemente velas blancas o violetas. Este tipo de ritual crea un círculo de luz que rodea el espacio, formando un escudo de energía positiva. Al encender cada vela, el lector puede recitar una pequeña oración de protección, pidiendo que la luz de la vela guíe y proteja tanto a los que están presentes como a los que han cruzado el umbral hacia el otro plano. La sensación de seguridad que emana de este ritual puede ayudar al lector a sentirse acompañado y protegido, sabiendo que la presencia de sus seres queridos vela por él desde la distancia.

Otro uso importante de las velas es el de la sanación emocional. Para este propósito, se pueden usar velas verdes, que están asociadas con la curación y el bienestar. Se sugiere ungir la vela con aceites esenciales de eucalipto o menta antes de encenderla, mientras se visualiza cómo la luz de la llama disuelve las tristezas y preocupaciones. Al lado de la vela, el lector puede colocar una fotografía del ser querido, creando un pequeño altar de sanación, donde la energía de la luz y el amor compartido se entrelazan, ayudando a aliviar la carga emocional y a encontrar consuelo en medio del luto.

En momentos de incertidumbre o cuando el lector siente que la conexión espiritual se ha debilitado, se recomienda un ritual simple pero profundo: encender una vela azul o violeta y observar la llama en silencio, mientras se pide orientación y claridad. La llama de la vela, al ser observada con la mente tranquila, puede revelar patrones sutiles de movimiento que el lector puede interpretar como respuestas o señales. La clave de este ritual es la paciencia y la disposición a recibir lo que la energía de la vela quiera transmitir, sin expectativas previas. A menudo, la respuesta llega como un sentimiento de calma o como un pensamiento inesperado que ilumina la mente, al igual que la luz de la vela ilumina la oscuridad.

Las velas también son herramientas valiosas para la creación de intenciones de manifestación. En estos casos, se recomienda utilizar velas doradas o amarillas, que representan la prosperidad, la esperanza y la iluminación. Al encender la vela, el lector puede formular un deseo o una intención clara, visualizando cómo la luz de la vela lo envuelve y lo guía hacia su realización. Este tipo de ritual es ideal para aquellos momentos en los que el lector desea enviar un mensaje positivo a su ser querido, pidiéndole apoyo para seguir adelante en la vida, o simplemente compartiendo un deseo de felicidad y bienestar.

Las velas, entonces, no solo iluminan un espacio físico, sino que llenan de luz los rincones del alma donde reside la esperanza y el amor eterno. En cada ritual, el lector descubre que el acto de encender una vela es también el acto de encender una pequeña chispa de conexión, un hilo de luz que une el presente con lo que fue, y que sigue ardiendo más allá de la materia.

Capítulo 17
Conexión con Animales Espirituales

Desde tiempos antiguos, en diversas culturas alrededor del mundo, los animales han sido considerados mensajeros del reino espiritual, seres que actúan como puentes entre los vivos y aquellos que han cruzado al otro lado. Cada encuentro con un animal que aparece de manera inesperada, en momentos de introspección o en situaciones significativas, puede ser visto como un símbolo cargado de un mensaje especial.

La presencia de aves, mariposas, libélulas y otros animales alados es comúnmente asociada a la conexión espiritual. En muchas tradiciones, se cree que estos seres pueden transportar mensajes desde el más allá, trayendo consuelo y paz a quienes los observan. Un ejemplo frecuente es el de la mariposa, que, debido a su proceso de transformación, representa el ciclo de la vida, la muerte y la renovación. La aparición de una mariposa, especialmente en un momento de tristeza o reflexión, puede ser vista como un suave recordatorio de que el ser querido sigue presente, guiando y acompañando desde otra forma de existencia. Cuando una mariposa se posa cerca o parece seguir al lector, se sugiere que tome un momento para cerrar los ojos, sentir la brisa que acompaña sus alas, y enviar un pensamiento de agradecimiento.

Los pájaros también ocupan un lugar especial en la simbología de la comunicación espiritual. En muchas culturas, la llegada de un pájaro inesperado, como un colibrí, un cuervo o una paloma, se interpreta como un signo de conexión. El colibrí, por ejemplo, con su vuelo rápido y su capacidad de detenerse en el aire, se asocia con la idea de un alma que vuelve brevemente para ofrecer un destello de luz y esperanza. Los cuervos, por otro lado, a menudo relacionados con lo místico, son vistos como guardianes de los secretos y guías a través de la transición entre mundos. Si un cuervo aparece de manera constante, podría ser un llamado a reflexionar sobre los ciclos de la vida y la necesidad de aceptar el cambio, sugiriendo que el ser querido busca transmitir una lección de aceptación.

No solo los animales alados llevan mensajes. Animales terrestres, como zorros, ciervos e incluso gatos, han sido considerados durante siglos como emisarios del reino espiritual. El ciervo, por ejemplo, es un símbolo de gracia y conexión con lo sagrado en muchas tradiciones celtas. Su aparición, especialmente en momentos de soledad o caminatas por la naturaleza, puede ser vista como una señal de que el ser querido quiere comunicar paz y guía. Los gatos, debido a su aguda percepción y su conexión con lo misterioso, son considerados guardianes de la energía del hogar y muchas veces parecen sentir presencias que para los humanos son invisibles. Si un gato se acerca repetidamente al lector en momentos de meditación o reflexión, es posible que esté actuando como un puente entre mundos, facilitando la conexión con el espíritu del ser amado.

Es importante entender que cada persona tiene una relación única con los animales y que la simbología puede variar según la experiencia personal y cultural. Por ello, se invita al lector a reflexionar sobre qué significa para él o ella un encuentro particular con un animal. ¿Ese animal le recuerda alguna anécdota con el ser querido? ¿Siente una conexión emocional que va más allá de la simple observación? La intuición del lector es una guía valiosa para descifrar el mensaje que se oculta en cada encuentro.

A veces, la repetición de un mismo animal puede ser un mensaje en sí mismo. Ver constantemente el mismo tipo de pájaro o tener encuentros repetidos con un animal específico puede sugerir que el ser querido está intentando llamar la atención, queriendo recordar que sigue presente en la vida del lector. En estos casos, se recomienda llevar un pequeño diario donde anotar cada encuentro, describiendo el contexto, las emociones sentidas en ese momento y cualquier pensamiento o recuerdo que venga a la mente. Esta práctica, además de ayudar a reconocer patrones, permite al lector desarrollar una mayor sensibilidad hacia estos signos.

El agua también juega un papel crucial en la interpretación de los mensajes de los animales, especialmente aquellos que habitan en ríos, lagos y mares. Ver un pez nadando cerca de la orilla en un momento de contemplación puede ser percibido como un símbolo de serenidad y continuidad de la vida más allá de la muerte. La figura de la tortuga, que nada con calma y atraviesa vastas distancias, puede recordar que el amor de los que han partido sigue siendo una presencia que, aunque lenta y constante, perdura. La próxima vez que el lector se encuentre junto a un cuerpo de agua y vea a un animal aparecer, puede tomarse un instante para conectar con esa energía, dejando que el agua sirva como un espejo entre el mundo visible y el invisible.

La aparición de un animal en momentos de introspección puede ser más que una simple coincidencia; es un lenguaje propio, una forma de comunicación que emana del mundo espiritual. Comprender ese lenguaje requiere de un acercamiento que combina la observación atenta con la intuición profunda.

El primer paso para interpretar un mensaje espiritual a través de un animal es estar plenamente presente en el momento del encuentro. Cuando un animal se presenta de manera inusual, es importante detenerse, respirar profundamente y tomar nota de los detalles. ¿Qué estaba ocurriendo en la vida del lector en ese instante? ¿Qué pensamientos pasaban por su mente? Estas pistas pueden ofrecer una clave sobre el mensaje que el ser querido está tratando de transmitir a través de la aparición del animal. Si el lector se encuentra, por ejemplo, en un período de toma de decisiones y un halcón aparece volando alto sobre su cabeza, esto podría simbolizar la necesidad de ver la situación desde una perspectiva más amplia antes de actuar.

A medida que el lector se acostumbra a notar estos momentos, es útil llevar un diario de encuentros con animales.

Este registro no necesita ser extenso; basta con anotar la fecha, el tipo de animal y cualquier emoción o pensamiento que haya surgido durante el encuentro. Con el tiempo, el lector puede descubrir patrones o mensajes repetidos que, en conjunto, forman un diálogo continuo con el mundo espiritual. Por ejemplo, si se encuentran repetidamente colibríes en momentos de tristeza, podría ser un recordatorio de los seres queridos de que la alegría y la ligereza aún son posibles, incluso en medio de la pérdida.

Cada animal lleva consigo una simbología ancestral que ha sido interpretada por diversas culturas a lo largo de los siglos. En este contexto, el lector puede consultar fuentes de sabiduría tradicional para enriquecer su comprensión. Los nativos americanos, por ejemplo, consideran que el lobo es un guía espiritual, un símbolo de la familia y la lealtad. Así, la aparición de un lobo podría señalar que el ente querido desea recordar la importancia de mantenerse conectado con la familia, incluso tras la partida de un ser amado. Sin embargo, es importante que el lector integre estas interpretaciones tradicionales con su propia experiencia, ya que el significado de un animal puede variar de persona a persona.

La intuición, como en muchos otros aspectos de la comunicación espiritual, juega un papel fundamental. En ocasiones, la mente consciente puede no tener una respuesta clara sobre lo que un encuentro con un animal significa, pero el corazón puede sentirlo de manera más clara. En este sentido, el lector puede cerrar los ojos, llevar la mano al pecho y preguntar internamente qué mensaje quiere transmitir el animal. La respuesta puede llegar en forma de una sensación, una palabra que surge espontáneamente o una imagen que aparece en la mente. Esta práctica de conexión profunda ayuda a desarrollar la capacidad de escuchar lo que el mundo espiritual susurra a través de la naturaleza.

Los sueños también son un espacio donde los mensajes de los animales pueden ser revelados de manera más directa. A veces, un animal que ha sido visto durante el día puede reaparecer en sueños, ofreciendo una perspectiva adicional o mostrando una faceta diferente de su mensaje. Si, por ejemplo, el lector sueña con un ciervo que lo guía a través de un bosque, esto podría representar un llamado a seguir un camino de calma y suavidad, incluso en momentos de incertidumbre. Mantener un diario de sueños junto al registro de encuentros con animales puede ayudar a entrelazar estos mensajes y encontrar un significado más profundo en la conexión.

Es importante también recordar que la repetición de un mismo animal puede ser un signo de insistencia espiritual. Si un mismo tipo de pájaro, mariposa o cualquier otro animal se cruza en el camino del lector varias veces en un corto período, esto indica que el mensaje que trae es especialmente importante. En estos casos, la recomendación es dedicar un tiempo específico a meditar sobre el encuentro, encendiendo una vela o quemando un poco de incienso para crear un ambiente propicio de reflexión. Preguntarse a uno mismo qué aspecto de la vida está en proceso de cambio, qué sentimientos no han sido expresados o qué decisiones están siendo evitadas puede abrir la puerta a la comprensión del mensaje.

La interpretación de estos signos no se limita solo a la aparición física del animal. También es relevante considerar cómo se comporta el animal durante el encuentro. Un cuervo que se posa y permanece observando podría sugerir la presencia de un guardián espiritual, mientras que una mariposa que se aleja rápidamente podría simbolizar un mensaje de liberación y desapego. El movimiento, la dirección y el comportamiento del animal son aspectos que enriquecen la lectura del mensaje y que el lector puede integrar en su diario de encuentros, para una comprensión más matizada.

El contexto de la naturaleza y el ambiente donde se produce el encuentro también es significativo. Un pez que salta del agua en un río, un zorro que cruza el camino durante un paseo al atardecer, o un búho que canta en la noche llevan consigo una energía que se conecta tanto con el espacio como con el momento emocional que vive el lector. Esto sugiere que la comunicación espiritual a través de los animales es un acto colaborativo entre el mundo físico y el espiritual, donde cada parte del entorno aporta su vibración única al mensaje.

Al desarrollar la capacidad de escuchar con el corazón abierto, el lector descubrirá que estos encuentros se convierten en momentos de profundo aprendizaje, donde cada criatura del mundo natural se transforma en un maestro silencioso, un puente entre el aquí y el más allá, llevando consigo la esencia de aquellos que nos aman desde la distancia espiritual.

Capítulo 18
Círculos de Energía

La energía que fluye entre los seres humanos se magnifica cuando se une en un propósito común. Los círculos de energía representan una antigua práctica de conexión espiritual, en la que el poder colectivo se convierte en un canal para enviar mensajes a quienes ya no están en este plano físico. Esta tradición, presente en diversas culturas a lo largo de la historia, resuena en el acto de reunir a familiares y amigos, creando un espacio donde la intención compartida se convierte en un puente hacia el mundo espiritual.

La formación de un círculo de energía no es solo un acto simbólico, sino un evento cargado de poder espiritual. Cada persona que se une al círculo aporta su energía individual, su deseo de conexión y su memoria viva del ser querido. En conjunto, estas energías se entrelazan y crean un flujo poderoso, que puede ser sentido de manera tangible por aquellos que participan. La clave para lograrlo está en la sinceridad de la intención y en la disposición de cada participante a abrir su corazón y permitir que los sentimientos fluyan libremente.

El lugar donde se realiza el círculo es esencial. Se recomienda que sea un espacio natural, un lugar al aire libre donde la conexión con la tierra y el cielo sea directa, como un claro en el bosque, la orilla de un río o incluso un jardín tranquilo. Si no es posible realizarlo en la naturaleza, un espacio en casa puede ser adaptado para el propósito, siempre cuidando de preparar el ambiente con elementos que inviten a la paz, como velas, cristales, flores y una música suave que acompañe el momento.

Antes de iniciar la reunión, es importante que los participantes se tomen un tiempo para centrar sus pensamientos y calmar su mente. Una meditación guiada, breve y enfocada en la intención del círculo, puede ayudar a alinear las energías de cada uno con el propósito común. Esta meditación puede enfocarse en visualizar un canal de luz que conecta a cada miembro del círculo con el espíritu del ser querido, imaginando que la luz fluye desde el centro del círculo hacia cada corazón presente. Este ejercicio no solo unifica las energías, sino que también crea una atmósfera de respeto y reverencia por la conexión que se busca establecer.

Una vez que todos los presentes sienten que están en sintonía, el círculo se cierra simbólicamente. Esto puede hacerse de varias maneras: entrelazando las manos, colocando las palmas hacia el centro en un gesto de apertura, o simplemente visualizando un anillo de luz que une a cada persona. Este cierre simbólico marca el inicio del proceso de envío de mensajes, un momento en que el grupo, como una sola entidad, abre su intención hacia el ser querido. Cada participante puede tomar turnos para compartir una palabra, una oración, o un pensamiento dirigido al espíritu al que desean contactar.

El poder de la palabra compartida se intensifica en estos círculos. Las palabras pronunciadas, aunque simples, adquieren un eco espiritual al ser sostenidas por la intención de todos. Frases como "te recordamos con amor", "tu luz sigue presente en nuestros corazones", o simplemente el nombre del ser querido, pueden ser repetidas por cada miembro del círculo, creando un mantra colectivo que vibra en el espacio y se proyecta hacia el plano espiritual. Este acto de repetición no solo refuerza la conexión, sino que también ayuda a que todos se sientan envueltos en una sensación de comunidad y pertenencia.

Durante el círculo, pueden surgir emociones profundas. Es natural que las lágrimas aparezcan, que los recuerdos se hagan presentes y que los sentimientos de amor, tristeza y gratitud se entrelacen. Estos momentos de vulnerabilidad son, de hecho, portales poderosos para la conexión, pues abren el corazón y permiten que la energía circule sin bloqueos. El grupo debe estar preparado para recibir estas emociones con respeto, dejando que cada uno viva su experiencia de manera única y sin juicios.

Es posible, además, incorporar elementos rituales que fortalezcan el círculo de energía. Encender una vela en el centro del círculo, colocar una fotografía del ser querido o incluso dejar un objeto que tenga un significado especial para la persona fallecida, son formas de anclar la intención del grupo. Estos elementos se convierten en puntos de enfoque durante la ceremonia, ayudando a mantener la mente de los participantes conectada con el propósito del encuentro.

El cierre del círculo es tan importante como su apertura. Al finalizar, los participantes pueden agradecer en voz alta la presencia de la energía que sintieron durante el encuentro, agradeciendo también al espíritu del ser querido por cualquier señal o mensaje recibido. Este es un momento para expresar gratitud por el espacio compartido y por la oportunidad de recordar y sentir la conexión. El círculo puede ser simbólicamente abierto de nuevo, visualizando que la energía que fluía entre todos ahora se expande, regresando a cada corazón y llevando consigo el mensaje que se envió.

La experiencia de participar en un círculo de energía puede ser transformadora para cada persona. No solo refuerza la sensación de que la conexión con el mundo espiritual es algo que trasciende lo individual, sino que también ofrece un espacio de sanación colectiva. Cada miembro del círculo lleva consigo un fragmento de esa energía compartida, que actúa como un bálsamo para el alma y un recordatorio de que el amor y la memoria continúan vivos, incluso más allá de la separación física.

La energía que fluye en los círculos de energía se potencia aún más cuando se integran rituais colectivos. Estas ceremonias, además de profundizar la conexión espiritual, fortalecen los lazos entre los participantes, generando un campo de energía compartida que eleva las intenciones de cada uno.

Una de las prácticas más significativas en un ritual colectivo es la creación de un círculo de oración. Este tipo de ritual ha sido utilizado a lo largo de la historia por diversas culturas como un medio para enfocar la energía y la intención hacia un propósito específico. Cada participante, al unir sus voces y pensamientos en una misma oración, contribuye a la formación de un campo vibratorio que resuena más allá del plano físico. Las oraciones no necesariamente tienen que ser largas o complejas; de hecho, es la sinceridad de cada palabra lo que potencia el mensaje enviado. En estos círculos, el grupo puede recitar oraciones tradicionales o personalizadas, recordando al ser querido con amor y gratitud.

Otra práctica poderosa es la meditación en grupo. Aquí, los participantes se sientan en círculo, cerrando los ojos y enfocando su respiración de manera sincronizada. Una meditación guiada, que invite a visualizar un lugar de paz donde todos puedan imaginar al ser querido, puede ser muy efectiva. Durante este ejercicio, se visualiza una luz que emana del centro del círculo, expandiéndose y envolviendo a todos los presentes. Esta luz se proyecta hacia el plano espiritual, llevando consigo las intenciones y mensajes de los corazones reunidos. Al finalizar, cada persona puede compartir lo que ha sentido o percibido, creando un espacio de escucha y conexión entre todos.

La compartición de recuerdos también es una parte esencial de los rituais colectivos. En este tipo de ceremonia, cada miembro del grupo puede tomar turnos para contar una historia, una anécdota o simplemente expresar lo que el ser querido significó en su vida. Esta práctica no solo ayuda a fortalecer la memoria del ser que ha partido, sino que también abre un espacio de sanación donde el dolor de la pérdida se transforma en gratitud por los momentos vividos. Al recordar juntos, los participantes tejen un hilo invisible que conecta las vivencias pasadas con el presente, permitiendo que el amor trascienda las barreras de la muerte.

Un elemento simbólico que puede integrarse en los rituais colectivos es la creación de un altar temporal. Este altar puede ser el centro del círculo, y en él se pueden colocar objetos significativos que recuerden al ser querido, como fotos, cartas, flores o incluso alimentos que le gustaban. Durante el ritual, cada persona puede acercarse al altar para colocar su ofrenda, pronunciando en voz baja una palabra, un deseo o una despedida. El acto de ofrecer algo físico en nombre del ser querido es un gesto que refuerza el compromiso del grupo con la conexión espiritual, creando un lazo más tangible entre ambos mundos.

Encender velas de forma conjunta es otro gesto que puede añadir profundidad a un ritual colectivo. Cada vela puede simbolizar un pensamiento, una oración o una memoria que se desea enviar al ser querido. A medida que las velas se van encendiendo, la luz que se genera ilumina el espacio, creando una atmósfera de serenidad y esperanza. Ver la llama de las velas danzar en la penumbra puede ser un recordatorio de que, aunque la vida física se apague, la luz del amor y del recuerdo sigue brillando, guiando el camino hacia la comprensión y la paz.

El uso de instrumentos musicales, como tambores, cuencos tibetanos o simplemente el canto en grupo, puede intensificar la experiencia del ritual colectivo. Los sonidos y vibraciones tienen la capacidad de resonar en nuestro ser más profundo, abriendo puertas a experiencias que trascienden la mente consciente. Al ritmo de los tambores o al sonido vibrante de los cuencos, el grupo puede sentir cómo su energía se alinea, creando un puente sonoro que une el mundo físico con el espiritual. Estas vibraciones no solo ayudan a calmar la mente, sino que también pueden ser percibidas como un eco por el espíritu al que se dirige el ritual.

Para cerrar un ritual colectivo, es importante realizar un acto de gratitud, tanto hacia los participantes como hacia el ser querido que se ha querido honrar. Esto puede hacerse con un simple momento de silencio, donde todos se toman de las manos y sienten la conexión establecida. Durante este tiempo, cada persona puede enfocar su corazón en un pensamiento de gratitud por la experiencia compartida, dejando que esa sensación de paz se extienda por todo el círculo. El cierre, al igual que la apertura, debe ser respetuoso y suave, permitiendo que la energía que se ha movido encuentre su lugar en el corazón de cada uno.

Un ritual colectivo no solo tiene el propósito de enviar un mensaje al más allá, sino que también fortalece la unión entre los que permanecen en este plano, creando una red de apoyo y entendimiento mutuo. A través de estos actos, el dolor se alivia y se transforma, y la sensación de que la conexión con el ser querido sigue viva se torna más palpable. Es un espacio donde las emociones tienen cabida, donde la risa puede mezclarse con las lágrimas, y donde el espíritu del que partió puede sentirse presente de manera sutil, pero intensa.

Así, los rituais colectivos se convierten en un faro que guía a quienes buscan reconectar con aquellos que ya no están físicamente, recordando que la verdadera conexión se encuentra en la unidad de corazones que laten al unísono, y en la fe de que el amor, en su forma más pura, nunca se desvanece. Es en el abrazo silencioso de la comunidad y en el poder compartido de la intención donde se teje la esperanza de que, de alguna forma, nuestras voces sean escuchadas más allá de este mundo.

Capítulo 19
La Lengua de las Flores

En la naturaleza, las flores han sido por siglos un símbolo de belleza, delicadeza y, sobre todo, comunicación. A lo largo de la historia, las civilizaciones han atribuido significados profundos a cada flor, transformándolas en un lenguaje silencioso que puede expresar desde amor y gratitud hasta despedida y consuelo.

El lenguaje de las flores, conocido también como floriografía, se ha utilizado en numerosas culturas como un código secreto para transmitir emociones que a veces las palabras no pueden expresar. Las flores, con su fragancia, forma y color, poseen una vibración única que puede resonar con nuestras intenciones más profundas. Por esta razón, al ofrecer una flor a un ser querido que ha partido, no solo estamos entregando un gesto de belleza, sino un mensaje lleno de significado que puede viajar más allá de lo visible, hasta el mundo espiritual.

El lirio, por ejemplo, es una flor que en muchas tradiciones simboliza la pureza, la renovación y la transición a otra vida. Enviar un ramo de lirios a través de un ritual puede representar un deseo de paz y claridad para el alma que ha dejado este plano. Esta flor, con su delicada fragancia y pétalos blancos, sugiere un mensaje de luz y serenidad, como un faro que guía el camino hacia la trascendencia.

Las rosas, por otro lado, tienen significados diversos dependiendo de su color. Una rosa roja, cargada de amor y pasión, puede ser una forma de transmitir la intensidad de un sentimiento que sigue vivo a pesar de la ausencia física. Una rosa blanca, en cambio, evoca la pureza del amor eterno, la esperanza de un reencuentro más allá de la vida terrenal, y la paz que deseamos para el ser querido. Al colocar estas rosas en un altar, se crea una atmósfera de amor y conexión, como si cada pétalo susurrara un pensamiento, un recuerdo o un suspiro de nostalgia.

Las margaritas, simples y luminosas, representan la inocencia y la alegría. Son flores que pueden ser utilizadas para recordar a aquellos que nos llenaron de sonrisas y momentos de felicidad. Ofrecer margaritas en un ritual simboliza la celebración de la vida vivida, el recuerdo de los días soleados compartidos y la gratitud por esos instantes que permanecen imborrables en la memoria. Cada margarita, con su forma sencilla y su brillo natural, lleva consigo la esperanza de que el espíritu al que va destinada sienta esa chispa de alegría que permanece en nuestros corazones.

Otra flor profundamente significativa es la lavanda. Su aroma calmante y su color violeta la convierten en un símbolo de paz, protección y sanación. La lavanda es ideal para aquellos que buscan enviar un mensaje de descanso y alivio a un ser querido, deseando que su alma encuentre la tranquilidad que necesita. Utilizar ramitas de lavanda en un altar o esparcir sus flores en un espacio de meditación puede crear un ambiente de serenidad, como si cada pequeña flor se convirtiera en un susurro de calma que atraviesa el velo entre los mundos.

Las caléndulas, de un vibrante color anaranjado, han sido usadas en varias culturas, especialmente en tradiciones como el Día de Muertos en México, para guiar el camino de los espíritus de regreso a casa. Su color cálido y su energía fuerte las convierte en un símbolo de conexión entre el mundo físico y el espiritual. En un altar, estas flores no solo son una ofrenda, sino una invitación a que los seres amados nos visiten en sus formas etéreas, a que caminen de nuevo entre nosotros, aunque sea por un instante.

La elección de cada flor, entonces, no es casual. Es un acto consciente, un gesto que traduce en belleza lo que el alma desea expresar. Al preparar un ramo o decorar un altar con flores, se debe meditar sobre lo que se desea transmitir: un mensaje de amor, de perdón, de gratitud, o quizás, simplemente, el deseo de que el ser querido sienta nuestra presencia y nuestro recuerdo.

No solo el tipo de flor tiene un significado; los colores también son mensajes que hablan en este lenguaje silencioso. El azul de las hortensias, por ejemplo, puede evocar la paz del cielo y la profundidad del océano, enviando un mensaje de calma y conexión espiritual. El amarillo de los girasoles puede simbolizar la alegría y la luz que deseamos compartir, una manera de decir "tu luz sigue iluminando mis días". El morado de las violetas puede ser una ofrenda de respeto y devoción, un recordatorio de que la conexión espiritual es sagrada y eterna.

Las flores tienen la capacidad de ser portadoras de vibraciones sutiles, capaces de transformar un espacio y un momento en algo sagrado. Cuando se eligen con intención y se colocan con cuidado en un lugar especial, se convierten en un vínculo tangible entre lo visible y lo invisible, entre el mundo material y el reino espiritual. Así, cada flor, con su fragancia y su forma, se convierte en una carta abierta que enviamos a aquellos que ya no están físicamente, pero que viven en el eco de nuestros recuerdos y en el latido de nuestro corazón.

En los momentos de silencio, al observar una flor que hemos dedicado a un ser querido, podemos sentir cómo se convierte en un canal de comunicación, una ofrenda viva que lleva nuestras emociones más allá de lo tangible. Es un recordatorio de que la naturaleza y el espíritu están entrelazados, y que incluso en la simplicidad de un pétalo, puede habitar la profundidad de un mensaje de amor eterno.

La utilización de flores en rituales de conexión espiritual va más allá de su belleza visual. Cada flor, con su historia y significado, se convierte en un puente entre nuestro mundo y el de los espíritus, permitiendo que nuestras intenciones fluyan de manera tangible y sensorial.

Un ritual floral puede comenzar con la elección de las flores que se alineen con el mensaje que queremos enviar. Al hacerlo, es importante entrar en un estado de meditación, permitiendo que la intuición guíe la selección. Por ejemplo, si el propósito es enviar un mensaje de paz y descanso a un ser querido, las rosas blancas y la lavanda pueden ser las flores elegidas. Estas pueden disponerse en un altar, rodeadas de velas que refuercen la intención, creando un espacio donde la luz y el aroma se mezclen, transportando el deseo de paz hacia el mundo espiritual.

La creación de un ramo simbólico es otra forma de ritual, donde cada flor se elige y se coloca con un propósito específico. Este ramo puede ser llevado a un lugar especial, como el sitio donde descansan los restos del ser querido, o puede ser depositado en un río o arroyo, permitiendo que el agua lo transporte como un mensaje flotante. Esta práctica se utiliza en muchas tradiciones para simbolizar el envío de un mensaje que fluirá, como el agua, hacia el ser que se ha ido. Cada pétalo que se desprende en el curso del río se convierte en una palabra no dicha, un sentimiento que se disuelve en el flujo constante de la vida y la muerte.

El acto de decorar un altar personal con flores también forma parte de un ritual floral profundo. En este espacio, las flores no solo son un adorno, sino un medio para enfocar nuestras oraciones y meditaciones. Un altar puede ser decorado con girasoles para invocar la luz y la esperanza, o con crisantemos, que en muchas culturas simbolizan la eternidad y la conexión con los ancestros. A medida que cada flor se coloca en el altar, se puede pronunciar en voz baja el nombre del ser querido, visualizando cómo la energía de la flor eleva el mensaje hacia dimensiones más allá de lo físico.

Una práctica común en los rituales florales es la creación de mandalas de flores. Este arte efímero consiste en disponer pétalos y flores frescas en forma de círculos concéntricos sobre la tierra o sobre una superficie limpia, formando un diseño que representa la armonía y la conexión entre todos los seres. Los mandalas florales pueden ser realizados durante un aniversario, un equinoccio o simplemente en un día en que se sienta la necesidad de conectar. Mientras se coloca cada pétalo, se puede meditar sobre los momentos compartidos, las risas y lágrimas, y el amor que trasciende la barrera de la muerte. Al finalizar, el mandala se convierte en un testimonio de que la vida y la muerte son ciclos que se entrelazan en un mismo círculo eterno.

El uso de flores secas también tiene un lugar especial en los rituales de despedida y recuerdo. Algunas personas eligen secar un ramo de flores ofrecido en un funeral o en un momento significativo de conexión espiritual, para luego utilizar esos pétalos en un ritual de quema. Este acto consiste en quemar suavemente los pétalos secos en una llama, observando cómo el humo se eleva y llevando consigo las palabras y emociones no expresadas. Al inhalar el aroma que desprenden, es como si el alma se uniera a esa fragancia, liberando lo que ha quedado atrapado en el corazón.

Además, existe un ritual simple pero profundo que consiste en caminar por un jardín o un campo de flores y recoger aquellas que llamen nuestra atención. Sin prisa, el acto de recoger cada flor se convierte en una forma de comunión con la naturaleza y con el espíritu al que se desea enviar un mensaje. Luego, estas flores pueden ser colocadas en un vaso de agua frente a una fotografía del ser querido, o pueden ser esparcidas en un lugar al aire libre mientras se medita sobre los recuerdos compartidos. Es un gesto humilde, pero lleno de significado, que convierte un momento cotidiano en un acto de conexión espiritual.

Cada color de flor también tiene un papel crucial en estos rituales. El rojo intenso de las rosas puede ser utilizado en rituales de pasión y amor profundo, para aquellos que buscan expresar un vínculo que no se rompe con la muerte. El amarillo de las flores de manzanilla, por otro lado, puede ser perfecto para rituales de sanación y perdón, permitiendo que la calidez del sol se convierta en un bálsamo para el alma. Los lirios morados, asociados con la transmutación y la transformación, son ideales para rituales de despedida, donde se busca acompañar el alma hacia un nuevo camino, libre de ataduras terrenales.

El ritual de soltar pétalos en el viento también es una práctica poderosa para aquellos que desean liberar sentimientos o palabras no dichas. Al dejar que el viento se lleve los pétalos, se entrega a la naturaleza aquello que ya no se puede contener en el corazón. Cada pétalo que vuela se convierte en un susurro que atraviesa el velo entre los mundos, alcanzando al ser querido en su forma etérea. Es un acto de liberación y de entrega, un gesto que confía en que la naturaleza sabrá llevar nuestras palabras hasta donde deban llegar.

Las flores pueden ser parte de un ritual de renovación, plantando una en el suelo en memoria de un ser amado. Esta práctica es común en culturas que honran el ciclo de la vida y la muerte, y simboliza la continuidad de la existencia. Al plantar una flor, se ofrece la esperanza de que lo que ha partido, en realidad, renace en otras formas. Cuidar de esa planta, regarla y verla crecer es un recordatorio de que la conexión con los que amamos sigue viva, transformándose, floreciendo en los pequeños milagros de cada día.

A través de estas prácticas, las flores se convierten en un vehículo de comunicación entre los mundos. Son mensajes que no necesitan palabras, que hablan directamente al alma y que pueden viajar a través del aire, del agua, del fuego y de la tierra. En la simplicidad de un pétalo, en el aroma de una flor, se esconde la magia de una conexión que perdura, y que nos permite decir, de manera silenciosa, lo que el corazón siente cuando las palabras ya no son suficientes.

Capítulo 20
El Poder de las Aguas

El agua ha sido, desde tiempos inmemoriales, un símbolo de vida, purificación y conexión con lo espiritual. En muchas culturas, se cree que las aguas que fluyen, ya sea en forma de ríos, lagos, mares o incluso lluvias, actúan como canales que pueden llevar nuestras intenciones y mensajes hacia dimensiones más allá de lo tangible.

Al observar el fluir de un río o el ir y venir de las olas en el océano, es fácil imaginar que el agua conecta todos los rincones del mundo. Para muchas tradiciones ancestrales, las corrientes de agua representan el tránsito entre el mundo material y el espiritual. Es por eso que, cuando deseamos enviar un mensaje a un ser querido que ha partido, sumergir una ofrenda en un río o lanzar un objeto simbólico al mar se convierte en un acto lleno de significado. Al hacerlo, el agua se lleva consigo nuestras palabras, las emociones que acompañan nuestra pérdida, y las transporta hacia lo desconocido, a través de un viaje que no podemos ver, pero que sentimos profundamente.

El agua no solo lleva nuestros mensajes, sino que también refleja. Un antiguo ritual consiste en sentarse junto a un cuerpo de agua calmado, como un lago o un estanque, en una noche tranquila, y observar la luna reflejada en la superficie. En ese momento, se dice que el agua actúa como un espejo entre mundos, una ventana a través de la cual podemos enviar pensamientos y recibir respuestas sutiles del otro lado. Este ritual es especialmente poderoso durante las noches de luna llena, cuando la luz de la luna toca las aguas, creando un lazo entre lo visible y lo invisible. Al hablar en voz baja o susurrar una oración a la luna y al agua, se permite que el mensaje se disuelva en la superficie y se una a la corriente de energía que fluye entre los mundos.

Otro aspecto fundamental del agua es su capacidad para purificar. Las lágrimas, que brotan en momentos de profundo dolor y de liberación, son la expresión más íntima de la conexión entre lo emocional y lo espiritual. Al permitirnos llorar en memoria de un ser querido junto a un río o un manantial, transformamos esas lágrimas en ofrendas, que el agua acepta y lleva con suavidad. Esta práctica de entrega emocional a la corriente se siente como un bálsamo, una forma de aliviar el peso del duelo y permitir que el agua limpie nuestro dolor, dejándonos sentir más ligeros y conectados.

Las aguas de lluvia también tienen su magia. En muchas culturas, la lluvia es vista como una bendición de los cielos, un mensaje de que los espíritus nos escuchan y responden. Un antiguo ritual consiste en salir al encuentro de la lluvia con los brazos abiertos, permitiendo que las gotas caigan sobre la piel, mientras se susurra el nombre del ser querido y se envían pensamientos de amor y añoranza. Cada gota que toca la piel es una caricia de aquellos que ya no están físicamente presentes, y al cerrar los ojos, se puede sentir la presencia reconfortante de quienes han partido. En esos momentos, la lluvia se convierte en un abrazo que disuelve la distancia entre los mundos.

El mar, con su inmensidad, representa el infinito. En su vasto horizonte, se entrelazan los ciclos de la vida y la muerte, con sus mareas constantes que nos recuerdan el flujo eterno de la existencia. Los rituales en el mar, como soltar flores en la orilla o lanzar mensajes escritos en pequeñas botellas, permiten que nuestras palabras y deseos viajen más allá de donde la vista puede alcanzar. Cada ola que lleva nuestras ofrendas es un recordatorio de que, aunque no podemos controlar la dirección en que navegan, confiamos en que encontrarán su camino. Este acto de soltar en el mar es también un ejercicio de desapego y fe, en el que entregamos nuestras intenciones a la corriente, sabiendo que el agua llegará a lugares que nuestras manos no pueden alcanzar.

Incluso en el hogar, el agua puede ser utilizada como un canal espiritual. Crear un pequeño recipiente con agua pura y colocarlo en un altar personal permite que la energía del agua actúe como un vínculo entre el espacio físico y el espiritual. Algunos prefieren hablar directamente a la superficie del agua, como si se tratara de un oído que escucha pacientemente nuestras palabras, para luego derramarla en la tierra como un acto de retorno a la naturaleza. Este simple gesto es una forma de materializar la conexión, de saber que aquello que fue dicho ha sido escuchado y ha vuelto al ciclo natural del universo.

El agua, en su esencia, es un recordatorio de que todo está conectado y en constante movimiento. Su naturaleza fluida nos enseña a aceptar los cambios, a dejar ir y a confiar en el curso natural de las cosas. En la búsqueda de comunicación con los seres queridos que ya no están, el agua se convierte en un aliado fiel, que no juzga, que fluye suavemente llevando nuestros mensajes, y que, en su ir y venir, nos deja sentir la paz de lo que es eterno y profundo. A través del agua, encontramos un eco de nuestras emociones y un reflejo de las respuestas que buscamos en el silencio de su corriente.

La relación entre el agua y la purificación es tan antigua como las primeras civilizaciones, que veían en este elemento un medio para lavar no solo el cuerpo, sino también el alma. Los rituais de purificación con agua han sido utilizados en todo el mundo como una forma de liberar energías densas, sanar heridas emocionales y facilitar la conexión con lo espiritual.

Uno de los rituais más sencillos pero profundamente significativo es el uso de pequeños barcos de papel para enviar mensajes a través de un río o un lago. La preparación de este ritual comienza con la elección de un lugar tranquilo junto al agua, donde se pueda escuchar el murmullo de la corriente. El lector puede escribir una carta al ser querido en un papel biodegradable, expresando lo que desee comunicar: palabras de amor, recuerdos compartidos, o incluso un mensaje de despedida que nunca se pudo decir. Al doblar el papel en forma de un pequeño barco, se confiere al objeto la misión de transportar esas palabras a través de las aguas. El acto de soltar el barco en la corriente se convierte en un momento de entrega, de soltar el peso de lo no dicho y dejar que el agua lo lleve hacia un lugar más allá de lo visible.

Las aguas de un río o un lago no solo son mensajeras, sino que también ofrecen la oportunidad de una purificación profunda. Un ritual poderoso es el de sumergir las manos en el agua mientras se cierra los ojos y se visualizan las emociones que se desean dejar ir, fluyendo con la corriente. Imagina que cada sensación de tristeza, cada pensamiento de dolor, se desliza de los dedos y se disuelve en el agua, que lo recibe y lo transforma. Mientras las manos se sienten ligeras y frescas, el agua absorbe las cargas y las disuelve, permitiendo que la energía se renueve. Este acto, aunque sencillo, tiene un poder simbólico que libera el corazón y prepara el alma para la conexión con lo espiritual.

Otra forma de purificación es a través de baños rituales con hierbas y flores, preparados con una intención clara. Las flores, como la lavanda, la rosa o la caléndula, y las hierbas como el romero y la menta, se eligen por sus propiedades calmantes y purificadoras. Se preparan infusiones de estas plantas, y luego se añaden al agua del baño o se vierten sobre el cuerpo al finalizar una ducha, permitiendo que el agua mezclada con la esencia de la naturaleza envuelva cada rincón del ser. Durante este baño ritual, es importante mantener la mente enfocada en la conexión con el ser querido, dejando que el agua no solo purifique el cuerpo, sino que también limpie las energías que puedan bloquear la comunicación espiritual. Mientras el agua cae y recorre la piel, se puede sentir como cada gota lleva consigo un deseo de paz y de claridad.

En noches de luna llena, un ritual tradicional consiste en dejar un recipiente con agua bajo la luz de la luna para crear lo que se conoce como "agua lunar". Este agua, cargada de la energía de la luna, se convierte en un elixir que puede ser utilizado en prácticas espirituales. Se puede usar para limpiar altares, consagrar objetos sagrados o incluso beber un pequeño sorbo mientras se medita, como una forma de integrar la energía lunar en el propio cuerpo. Al beber o usar esta agua, el lector puede visualizar la intención de su mensaje siendo absorbida por la energía de la luna y reflejada en el mundo espiritual. Es una manera de pedir que las palabras y pensamientos lleguen con mayor fuerza al lugar donde se encuentran los seres amados.

Los rituales de purificación con agua también se pueden realizar en la naturaleza, bajo la lluvia. En lugar de buscar refugio, aquellos que practican este ritual eligen abrirse al cielo, dejando que las gotas de lluvia limpien tanto el cuerpo como el espíritu. Se puede caminar descalzo sobre la tierra mojada, sintiendo la conexión directa con el suelo y el cielo. Al levantar el rostro hacia el cielo, se pueden ofrecer oraciones o pensamientos de amor, permitiendo que cada gota de lluvia se lleve un mensaje hacia las alturas. La lluvia, en su caída, se convierte en un mensajero que conecta el mundo terrenal con el mundo etéreo, creando un momento de intimidad con lo invisible.

Para aquellos que no tienen acceso a ríos, lagos o el mar, el agua de casa también puede ser transformada en un ritual de conexión. Llenar un cuenco de cristal con agua pura y colocar una vela flotante en el centro puede convertirse en un altar de meditación y recuerdo. Al encender la vela, se puede hablar al agua, entregándole los pensamientos y deseos, sabiendo que el fuego y el agua se unirán para llevar esas intenciones más allá del plano material. Al finalizar la meditación, el agua se puede verter en la tierra, permitiendo que los elementos se integren y que el mensaje continúe su camino en el ciclo natural.

Cada ritual con agua nos enseña que no es necesario comprender completamente los mecanismos del universo para sentir su poder. El agua, en su simplicidad, ofrece un camino para sanar, para conectar y para recordar que, al igual que las corrientes que se encuentran en el océano, nuestras intenciones y sentimientos pueden viajar mucho más allá de lo que imaginamos. Al incorporar estas prácticas en la vida diaria, el lector puede encontrar consuelo en la certeza de que el amor no se pierde, sino que fluye, cambiando de forma y transformándose, al igual que el agua que un día fue lluvia, después río, y luego océano.

En cada uno de estos rituales, el agua actúa como una compañera silenciosa, que nos ayuda a decir adiós sin olvidar, a soltar sin perder la conexión y a recordar que el vínculo con aquellos que ya no están es tan infinito y profundo como el propio mar. A través de estas prácticas, el agua se convierte en un símbolo de esperanza, de transición y de la promesa de que, aunque nuestras manos no puedan tocar lo intangible, nuestro corazón sí puede sentir la cercanía de aquellos que amamos.

Capítulo 21
Estaciones y Renovación

Las estaciones del año nos ofrecen un reflejo natural de los ciclos de la vida y la muerte, de la renovación y la transformación. A través de sus ritmos, la naturaleza nos invita a participar de un flujo continuo que nos conecta con el mundo espiritual de una forma profunda y sutil. Al observar cómo la tierra cambia, florece, madura y luego descansa, encontramos una resonancia con nuestras propias experiencias de pérdida, luto y sanación.

La primavera, con su despertar vibrante, es un símbolo poderoso de renacimiento y esperanza. A medida que la tierra se cubre de verde y las flores comienzan a abrirse, la primavera nos recuerda que, después de cada invierno, siempre llega un nuevo florecimiento. Este período es ideal para iniciar rituales que inviten a la renovación de la energía y la esperanza. Se puede plantar un árbol o una flor en memoria del ser querido, un acto simbólico que representa la vida que continúa y la conexión que, aunque transformada, sigue presente. Cuidar de una planta, regarla y verla crecer puede ser una forma de sentir que la esencia del ser querido se entrelaza con la vida que surge de la tierra.

El verano, con su luz intensa y su calor envolvente, nos invita a expandir nuestra energía y a abrirnos a la plenitud del ser. Es un tiempo de celebración de la vida, de recordar a aquellos que amamos bajo el sol y de compartir sus historias como si estuvieran presentes entre nosotros. Durante esta estación, las ceremonias al aire libre, como encender una fogata al atardecer, pueden ser poderosas herramientas de conexión. Frente al fuego, se pueden compartir recuerdos en voz alta, contando anécdotas de los seres queridos como si aún estuvieran allí, escuchando el crepitar de la leña. El fuego del verano simboliza la vitalidad y la energía que sigue brillando, incluso en el recuerdo de aquellos que ya no están.

El otoño, por su parte, es la estación de la introspección y de la aceptación. A medida que las hojas caen y la naturaleza se prepara para el descanso, el otoño nos invita a reflexionar sobre la transitoriedad de la vida. Es un tiempo de soltar, de dejar ir aquello que ya no nos sirve y de permitir que las memorias se asienten suavemente en nuestro corazón. En esta época, los rituales de agradecimiento y despedida pueden ser especialmente significativos. Recolectar hojas caídas y escribir en ellas mensajes de amor o gratitud para el ser querido, para luego soltarlas al viento, es una forma de permitir que esas palabras se eleven, que el viento las lleve a un lugar donde lo terrenal y lo espiritual se entrelazan. Es un acto de rendirse a la naturaleza, reconociendo que el ciclo de la vida incluye tanto la pérdida como la belleza de lo que fue.

El invierno, con su quietud y sus paisajes adormecidos, nos invita a la contemplación profunda. Es la estación en la que la tierra descansa bajo una capa de frío, conservando en su interior la promesa de un nuevo comienzo. Esta quietud invernal se presta a la meditación y a los momentos de conexión en el silencio de la noche. En la oscuridad del invierno, encender una vela en el umbral de la casa o junto a una ventana puede ser un faro de luz que guía el pensamiento hacia el ser querido. Es un tiempo propicio para escribir cartas y mensajes que no necesitan ser leídos, sino sentidos, como un susurro que llega a través del aire frío. Al observar la llama que arde, nos conectamos con la idea de que incluso en la oscuridad más profunda, siempre hay una chispa de luz que nos conecta con el otro lado.

Cada estación del año, con sus características únicas, nos enseña algo diferente sobre la manera de relacionarnos con la pérdida y la renovación. En la primavera aprendemos a volver a creer en el renacimiento, en el verano celebramos la vida y la memoria, en el otoño aceptamos la necesidad de dejar ir, y en el invierno abrazamos la quietud y la reflexión. Estas estaciones nos hablan de un ciclo continuo, un eterno retorno que nos ayuda a comprender que la conexión con el ser querido no se rompe, sino que cambia de forma, adaptándose a los ritmos naturales de la existencia.

Las estaciones también nos recuerdan que la naturaleza misma está llena de señales y de símbolos que los seres queridos pueden utilizar para comunicarse con nosotros. Un pájaro que regresa cada primavera, un árbol que florece en el aniversario de su partida, o el viento que sopla con fuerza en un momento de introspección, pueden ser interpretados como mensajes sutiles que nos acompañan en el proceso de duelo. Así, los cambios en la naturaleza nos invitan a permanecer atentos, a escuchar con el corazón y a descubrir en cada brisa, en cada rayo de sol, la certeza de que no estamos solos.

Para aquellos que buscan una conexión espiritual más profunda durante estos ciclos, es útil observar cómo la energía de cada estación resuena con sus propias emociones y procesos internos. Por ejemplo, en la primavera, se puede sentir un impulso de iniciar proyectos o de limpiar el hogar como una forma de preparar el terreno para nuevas energías, mientras que en el otoño puede surgir la necesidad de introspección, de escribir sobre lo que se ha perdido y de reflexionar sobre los aprendizajes que acompañan la despedida. Al sincronizar nuestras prácticas espirituales con las estaciones, nos sintonizamos con un ritmo mayor, el pulso de la tierra, que también late en nuestros corazones.

El viaje a través de las estaciones del año nos ofrece la oportunidad de aceptar que, al igual que las flores que caen y las hojas que vuelven a crecer, la vida sigue su curso, trayendo consigo nuevos encuentros y nuevas formas de sentir la presencia de quienes han partido. Las estaciones nos enseñan que no hay un final definitivo, sino una constante transformación. Y así, el lector puede encontrar en cada cambio de estación una invitación a renovar su propio vínculo con el mundo espiritual, a redescubrir la paz en el paso del tiempo, y a sentir que, aunque los rostros se desdibujen con los años, el amor que une a los corazones trasciende las fronteras del tiempo y del espacio.

Las estaciones del año no solo transforman la naturaleza; también nos ofrecen un telón de fondo perfecto para rituales que nos acercan al mundo espiritual y a la memoria de aquellos que ya no están físicamente con nosotros. En cada fase de este ciclo, hay una oportunidad de utilizar la energía de la naturaleza para reforzar nuestras intenciones, enviar mensajes de amor y recibir la sabiduría que nos llega desde el otro lado.

Durante la primavera, cuando la vida renace con vigor y el aire se llena de perfumes nuevos, es un momento propicio para plantar en honor a los seres queridos. El acto de plantar una flor, un árbol o incluso un pequeño jardín con plantas que evocan la memoria del ser querido es un gesto que simboliza la continuidad de la vida y el renacimiento de la energía. Cada vez que se cuida de esa planta, se establece una conexión con el ciclo vital y con el ser que partió. Además, la primavera es un buen momento para crear mandalas naturales con flores y hojas, colocándolos en un altar o al pie de un árbol, como una ofrenda a la tierra y un gesto de gratitud hacia la naturaleza por ser un puente hacia lo sutil.

El verano se caracteriza por su abundancia y su energía expansiva. Es un tiempo para los rituales al aire libre, donde el sol y el calor envuelven cada intención con su vitalidad. Encender fogatas al atardecer, especialmente en noches de luna llena, es una práctica que ayuda a transmitir mensajes de amor y gratitud hacia el cielo estrellado. Alrededor de la fogata, se pueden leer cartas dirigidas al ser querido o cantar canciones que les recuerden. Es un momento para celebrar la vida que fue compartida, con la certeza de que el amor continúa más allá de la ausencia física. Dejar que una flor flote en un río o en el mar, mientras se envía un pensamiento de cariño, es otra forma de permitir que el agua lleve el mensaje hacia el horizonte, como una corriente que une los corazones.

Con la llegada del otoño, el aire se enfría y la naturaleza comienza su ciclo de introspección. Esta es la temporada perfecta para rituales que invitan a la reflexión y a la liberación de emociones. Un acto significativo en esta época es escribir mensajes de despedida o gratitud en hojas secas, para luego soltarlas al viento o enterrarlas junto a un árbol, dejando que la tierra acoja esas palabras como un susurro que se fusiona con el paisaje. También es un buen momento para crear altares con objetos que evoquen la presencia del ser querido: fotografías, velas, frutas de la temporada y flores de colores cálidos. El altar puede ser el centro de meditación, un lugar donde las emociones se procesan y donde las lágrimas encuentran su lugar en el ciclo de la naturaleza.

    El invierno, con su calma y su recogimiento, nos invita a ritos más íntimos y silenciosos. Las largas noches y la quietud de la naturaleza nos animan a buscar la luz interior. Encender una vela blanca cada noche, durante una semana, es un ritual que puede ser un símbolo de guía para el ser querido en su camino espiritual, así como un faro para el propio corazón que busca consuelo. Durante el invierno, los baños de agua tibia con sales y aceites esenciales, como el romero o la lavanda, se convierten en un medio para purificar la tristeza y abrir el corazón a nuevas formas de conexión. Sumergirse en el agua, visualizar que las emociones fluyen y se disuelven, es una forma de renovar el espíritu y prepararse para la llegada de una nueva primavera.

    A lo largo de estas estaciones, cada ritual permite que el ciclo de la naturaleza se entrelace con el ciclo personal del lector, transformando la tristeza en un acto de amor, y la ausencia en una oportunidad de conexión profunda. No hay una forma correcta o incorrecta de realizar estos rituales, solo la intención sincera que cada persona pone en ellos. La naturaleza, con su sabiduría innata, se convierte en una aliada para expresar lo que las palabras no siempre pueden transmitir. Así, el viento que sopla, la lluvia que cae o el sol que calienta el rostro durante una meditación, se convierten en respuestas del universo, pequeñas señales que nos recuerdan que el amor permanece, que el lazo no se ha roto, sino que se ha transformado.

Para aquellos que buscan un ritual sencillo pero significativo, el acto de caminar conscientemente es una forma poderosa de sentir la presencia de los seres queridos durante cada estación. En la primavera, caminar por un jardín y observar los brotes que emergen, hablar en silencio con el ser querido entre las flores. En el verano, caminar descalzo por la orilla de un río, sentir la arena o el césped bajo los pies y dejar que cada paso sea una conversación con el más allá. En el otoño, recoger hojas caídas mientras se susurran los recuerdos. Y en el invierno, caminar entre la nieve o bajo un cielo gris, escuchando el silencio y permitiendo que ese vacío se llene de la paz de la aceptación.

Cada estación nos ofrece también la posibilidad de aprender a soltar, a entender que la vida se compone de ciclos que se renuevan. Así como la naturaleza se desprende de las hojas en otoño, el ser humano aprende a soltar aquello que ya no es. Así como la tierra se cubre de nieve en invierno para luego florecer, también el alma encuentra momentos de quietud que preceden a la alegría renovada. Estos rituales, en sintonía con las estaciones, nos enseñan que el luto no es un final, sino una transición hacia una nueva forma de relación, donde la conexión espiritual se enraíza y se fortalece con cada gesto.

Capítulo 22
La Conexión del Silencio

En la quietud que habita en el mundo, se ocultan puertas a dimensiones más profundas del ser, accesos que solo se revelan cuando el ruido se desvanece y la calma toma su lugar. El silencio, muchas veces percibido como un vacío o una ausencia, en realidad es un espacio cargado de significados y posibilidades para conectar con lo invisible.

Desde tiempos antiguos, el silencio ha sido el vehículo elegido por los sabios y los místicos para acceder a una comprensión más elevada. En muchas culturas, el acto de guardar silencio es visto como un gesto sagrado, un momento de entrega donde la mente deja de insistir en su parloteo constante, y el alma se prepara para recibir aquello que está más allá del mundo tangible. En estos momentos de profunda introspección, el velo entre los mundos se torna más delgado, y las señales de los que han cruzado al otro lado pueden ser percibidas con mayor claridad.

La conexión a través del silencio no requiere rituales complicados ni palabras elaboradas. Al contrario, se basa en la simplicidad de estar presente, de aquietar la mente y abrir el corazón. En la práctica, esto puede significar buscar un lugar tranquilo, un rincón de la casa o un espacio al aire libre donde el ruido de la vida cotidiana no alcance. Sentarse, cerrar los ojos, y permitir que el silencio envuelva cada pensamiento, cada emoción, dejando que el ritmo de la respiración se haga más lento y profundo.

Al adentrarse en este estado de silencio, el lector puede empezar a sentir cómo se apagan las distracciones, y poco a poco, una sensación de amplitud lo rodea. Es como si el tiempo se expandiera, y la percepción se afinara, permitiendo que las vibraciones más sutiles se vuelvan tangibles. Es en este espacio donde la comunicación espiritual puede surgir de formas inesperadas. Un leve cambio en la temperatura de la habitación, un escalofrío que recorre la piel, o la imagen de un rostro querido que aparece en la mente como un destello. A veces, no es necesario que se manifieste un mensaje claro; la simple sensación de presencia puede ser suficiente para reconfortar el alma y dar certeza de que el lazo sigue intacto.

En esta práctica del silencio, se nos invita también a aprender el arte de la escucha profunda. No se trata solo de escuchar lo que viene del exterior, sino de afinar el oído interno hacia las voces que resuenan en lo más hondo del ser. Muchas veces, las respuestas que buscamos de nuestros seres queridos no llegan en forma de palabras, sino como intuiciones, como comprensiones súbitas que nos alcanzan en medio de la calma. Puede que surja una imagen, una sensación, un pensamiento que nos conecta directamente con un recuerdo compartido, una anécdota que antes pasaba desapercibida y que, de repente, adquiere un nuevo sentido.

El silencio, entonces, se convierte en un espejo donde se reflejan tanto nuestros deseos de conexión como las respuestas que nos llegan desde el otro lado. Es un lenguaje sin palabras que habla al alma, donde cada pausa y cada susurro del viento puede ser interpretado como una caricia del espíritu. Esta conexión no es algo que deba forzarse, sino que se desarrolla de manera natural cuando la mente suelta la necesidad de controlar y se permite simplemente ser. En el silencio, el ego se diluye, y lo que queda es una apertura pura, una disposición a recibir lo que el universo tenga para ofrecernos.

Para aquellos que están atravesando el duelo, el silencio puede ser un compañero difícil, pues a menudo, es ahí donde emergen los sentimientos más profundos de pérdida y nostalgia.

Sin embargo, al enfrentar este silencio con valentía y con una actitud de aceptación, se descubre que no es un enemigo, sino un aliado que nos guía hacia un lugar de paz interior. En la quietud de la mente, el dolor encuentra su espacio para transformarse, y las lágrimas pueden ser derramadas sin prisa, como un río que fluye hasta encontrar su cauce.

El silencio nos enseña que, aunque las palabras falten, siempre existe un diálogo continuo con quienes amamos. Este diálogo es vibración, es presencia, es el espacio donde los corazones se encuentran más allá del tiempo y la distancia. Cada vez que nos entregamos a este momento de quietud, nos sumergimos en un océano sin orillas, donde el alma del ser querido puede encontrarse con la nuestra, y donde el amor se convierte en un hilo invisible que une ambos mundos.

A medida que el lector se adentra en la práctica de la conexión a través del silencio, puede descubrir también la importancia de los momentos de pausa en la vida cotidiana. Tomarse unos minutos antes de dormir, cerrar los ojos al despertar, o simplemente hacer una caminata sin rumbo fijo, en un estado de atención plena, se convierten en actos de conexión profunda. No es necesario tener preguntas concretas, ni esperar respuestas específicas; solo basta con estar presente, con el corazón abierto, sabiendo que, en ese espacio de silencio, reside la posibilidad de un abrazo que trasciende el tiempo.

La conexión del silencio nos recuerda que la esencia de la comunicación espiritual no está en lo que decimos, sino en lo que somos capaces de sentir y de intuir. En cada respiración consciente, en cada instante de quietud, se revela una puerta hacia lo eterno. Es en ese lugar sin palabras donde comprendemos que la presencia de aquellos que amamos nunca se ha ido del todo, que sigue latente en la brisa que acaricia nuestro rostro, en la sombra que nos acompaña, en la ternura que surge al recordar.

El silencio, cuando se explora en toda su profundidad, se convierte en un vehículo poderoso para acceder a dimensiones más sutiles de la existencia, permitiendo que las vibraciones del espíritu se hagan audibles a nuestro corazón. Pero como cualquier herramienta, requiere de un manejo cuidadoso y consciente para revelar sus verdaderos dones.

La meditación en silencio, conocida en algunas tradiciones como meditación contemplativa, consiste en aquietar la mente y dirigir la atención hacia el presente, sin expectativas ni juicios. Al principio, este silencio puede resultar inquietante, un espejo donde emergen nuestros pensamientos más persistentes y las emociones más guardadas. Sin embargo, con la práctica, el silencio se transforma en un aliado que permite que la mente se asiente, como un lago cuyas aguas turbias se vuelven transparentes al calmarse.

Una de las prácticas más efectivas para alcanzar este estado de calma interior es la meditación en respiración. El lector es invitado a buscar un lugar cómodo, donde no sea interrumpido, y sentarse con la espalda erguida, los pies en contacto con el suelo y las manos descansando suavemente sobre las piernas. Cierra los ojos y dirige la atención al flujo de la respiración, sintiendo cómo el aire entra y sale de los pulmones, percibiendo su ritmo natural. Esta simple observación, sin intentar controlar la respiración, ayuda a enfocar la mente y a suavizar la tensión que el cuerpo pueda estar reteniendo.

Con el tiempo, la atención a la respiración permite que el flujo de pensamientos disminuya, y la mente se vuelve un espacio más amplio y receptivo. Es en este momento que el lector puede dirigir su intención hacia el ser querido con quien desea conectarse. Sin necesidad de palabras, basta con evocar su imagen, recordar un momento compartido, o simplemente visualizar su rostro lleno de paz. Dejar que la presencia de este ser se haga sentir, como un suave murmullo en el aire, una caricia en el alma.

Otra técnica útil para profundizar en el silencio es la meditación guiada hacia un paisaje interior. Se invita al lector a crear en su mente un lugar seguro y reconfortante, un jardín, un bosque, una playa tranquila, o incluso un rincón de la casa que guarde recuerdos felices. Este paisaje se convierte en un santuario personal donde puede imaginarse encontrándose con su ser querido, un espacio donde las palabras no son necesarias y la comunicación fluye a través de sensaciones e imágenes. En este lugar sagrado, el lector puede visualizar un encuentro lleno de amor y gratitud, sintiendo la presencia del ente querido como una energía cálida y envolvente.

Además de estas prácticas individuales, el silencio también puede ser explorado en grupo, como una forma de meditación compartida. Reunirse con amigos o familiares que compartan el deseo de recordar y honrar a un ser querido puede fortalecer el sentido de conexión. Juntos, pueden sentarse en círculo, encender una vela en el centro como símbolo de la luz que guía las almas, y sumergirse en un momento de silencio colectivo. Este silencio, sostenido por la energía de todos los presentes, se convierte en un campo magnético donde las intenciones de amor y recuerdo resuenan con mayor fuerza. Al final, pueden compartir lo que cada uno ha sentido o visto, enriqueciendo la experiencia con las percepciones de los demás.

Para aquellos que encuentran la práctica del silencio desafiante, la combinación de sonidos suaves puede ser un puente que facilita el proceso. Sonidos de la naturaleza, como el murmullo del agua, el canto de los pájaros o el crujir de las hojas, pueden acompañar la meditación, creando un telón de fondo que guía la mente hacia la calma. La clave es permitir que estos sonidos se integren sin volverse un foco de atención, sino como una melodía que acompaña el silencio y le da textura.

Una vez que el lector se ha familiarizado con estas prácticas, puede experimentar la meditación enfocada en el corazón. Aquí, se invita a dirigir la atención hacia el centro del pecho, donde se percibe el latido del corazón, el ritmo constante que nos conecta con la vida. Se visualiza una luz cálida que emana de este centro y que se expande, envolviendo todo el cuerpo y llenando el espacio alrededor. En este estado de apertura, el lector puede imaginar que la luz se extiende hasta tocar la esencia del ser querido, como un hilo dorado que une ambas presencias. Permitir que este lazo de luz se mantenga por unos minutos, sin presión, solo sintiendo su calidez y la paz que trae consigo.

A medida que estas prácticas se integran en la vida cotidiana, el lector descubre que el silencio deja de ser un estado que se busca solo en momentos especiales, para convertirse en un refugio siempre disponible. Basta con cerrar los ojos unos instantes, conectar con la respiración, y ahí está, el mismo silencio que antes parecía inalcanzable. La conexión espiritual, entonces, deja de ser un evento extraordinario y se convierte en una presencia sutil, un susurro que acompaña cada paso.

Se invita al lector a encontrar su propio ritmo, a descubrir qué práctica resuena más profundamente con su ser. Cada persona tiene un camino único hacia la conexión espiritual, y el silencio es un mapa que cada uno debe trazar con sus propias experiencias y emociones. A veces, basta con una simple pausa durante el día, un momento para respirar y recordar que, en el silencio, el amor que une a los corazones nunca se apaga, sino que sigue brillando con la misma intensidad, más allá de las fronteras del tiempo y el espacio.

Capítulo 23
La Fuerza de la Visualización

La visualización es una herramienta poderosa, una puerta que nos permite entrever los reinos invisibles y conectar con aquellos que han cruzado el umbral de la existencia física. En la mente, el límite entre lo tangible y lo intangible se disuelve, y es allí donde podemos crear un espacio seguro y cálido para encontrarnos con nuestros seres queridos que ya no están en este mundo.

La visualización comienza con la creación de un espacio en la mente, un santuario donde la energía del amor y la paz reine. Puede ser un lugar que tenga un significado especial para el lector, como un rincón de la naturaleza donde pasó momentos felices, un jardín lleno de flores, o la calidez de una habitación familiar. Este lugar no necesita ser fiel a la realidad; es un espacio que existe en la imaginación, donde la belleza y la serenidad envuelven cada detalle. Es importante que el lector se sienta cómodo y en paz al imaginarlo, que lo sienta como un refugio, un lugar donde el alma pueda descansar y abrirse.

La práctica de la visualización no requiere de habilidades especiales, solo de tiempo y paciencia. El lector es invitado a sentarse en un lugar tranquilo, cerrar los ojos y respirar profundamente. Con cada inhalación, se imagina el aire llenando su cuerpo con una luz cálida y con cada exhalación, libera cualquier tensión o distracción. Poco a poco, este proceso permite que el cuerpo se relaje y la mente se concentre en la creación de su lugar de encuentro.

Una vez que el santuario mental ha tomado forma, el siguiente paso es invitar la presencia del ser querido. No es necesario pronunciar palabras, basta con sentir un deseo genuino de reconectar, de volver a sentir esa energía tan familiar. En este espacio, el lector puede imaginar a su ser querido acercándose, su rostro iluminado por una suave sonrisa, la calidez de su presencia llenando el lugar. Puede ser un momento para recordar cómo era su voz, su risa, o incluso los silencios compartidos que tenían un significado profundo. La visualización no busca replicar la realidad, sino crear una conexión que trascienda el tiempo y el espacio.

A través de este proceso, se establece un diálogo silencioso. Las palabras pueden surgir, o quizás solo emociones profundas que se comparten sin necesidad de ser verbalizadas. El lector puede expresar sus pensamientos, sus sentimientos, o simplemente disfrutar de la presencia del ser querido. Este encuentro mental es un regalo, un espacio donde la comunicación espiritual se manifiesta de forma íntima y personal. No se trata de esperar respuestas claras o evidentes, sino de sentir la conexión que va más allá de la forma física.

En muchas tradiciones espirituales, la visualización es vista como una forma de co-creación con el universo. Al imaginar con claridad y amor, el lector está creando un canal de energía, un puente que facilita la comunicación con el más allá. Este proceso requiere una mente abierta, una disposición a dejarse llevar por las imágenes y sensaciones que surjan, sin juzgar su veracidad o forma. Es un acto de fe en la sabiduría del corazón, que sabe que el amor nunca se pierde, sino que se transforma.

Con la práctica, el lector puede descubrir que este espacio de visualización se convierte en un refugio constante. No solo para momentos de conexión, sino también como un lugar de descanso y paz en tiempos de angustia o tristeza. Imagina la luz suave del sol atravesando las ramas de los árboles, el sonido tranquilo de un río cercano, o el aroma de las flores frescas. Cada detalle contribuye a fortalecer el vínculo con el ser querido y a mantener viva la llama de la conexión espiritual.

Algunos lectores podrían sentir la presencia de su ser querido de forma más tangible en estos momentos, a través de un cambio en la temperatura del aire, un suave escalofrío en la piel, o una sensación de calma profunda. Otros pueden experimentar una paz silenciosa que llena el pecho, como si un abrazo invisible envolviera su ser. Cada experiencia es única y valiosa, y es importante no comparar las percepciones, sino aceptarlas como parte del proceso personal de conexión.

La visualización también puede ser un vehículo para enviar mensajes al ser querido, imágenes mentales que representan deseos, agradecimientos o palabras no dichas. Por ejemplo, el lector puede imaginar un campo de flores que crece y florece al ser tocado por la luz del sol, cada flor representando un pensamiento de amor y gratitud. Puede visualizar un lago tranquilo donde deposita una pequeña vela encendida, simbolizando un mensaje de paz que cruza el agua hasta llegar a su destino espiritual.

La clave está en la intención que guía cada imagen. Al imaginar, es la fuerza de la intención la que da forma a cada detalle, la que convierte un simple pensamiento en una ofrenda de amor. La visualización no es una técnica rígida, sino un arte que se nutre de la sensibilidad y la creatividad de cada persona. Es un acto de abrir el corazón y dejar que la imaginación fluya como un río que se desplaza hacia el infinito.

La visualización, entonces, se convierte en una invitación constante a recordar, a reconectar, a sanar. Un lazo invisible que, aunque no se vea, se siente tan fuerte como el latido de un corazón que sigue amando más allá del tiempo.

La visualización guiada es una práctica que requiere dedicación y apertura, un arte que va más allá de cerrar los ojos e imaginar.

El primer ejercicio se centra en la creación de un "jardín de encuentro". Este espacio es un jardín imaginado que el lector puede visualizar en detalle: los colores de las flores, la textura de la tierra bajo los pies, el aroma del aire. Para comenzar, se invita al lector a encontrar un lugar tranquilo donde pueda sentarse sin interrupciones, cerrar los ojos y respirar profundamente. Con cada inhalación, la mente se libera de preocupaciones y, con cada exhalación, el jardín comienza a formarse lentamente en la imaginación.

    Una vez que el jardín ha tomado forma, el lector puede visualizar un banco de madera o una piedra grande donde sentarse. Frente a este lugar especial, puede imaginar que aparece una figura conocida, la del ser querido con quien desea comunicarse. Es importante permitir que la imagen de esta persona emerja naturalmente, sin forzar detalles, dejando que la memoria y la intuición guíen el proceso. En este momento, el lector puede visualizar un intercambio de sonrisas, miradas llenas de complicidad y, tal vez, palabras que surgen del corazón. No hay prisa, solo el ritmo de la respiración y la conexión que crece.

    Otro ejercicio poderoso es la "visualización de la luz". En este, el lector visualiza una esfera de luz dorada que surge desde el centro de su pecho, una energía cálida que se expande a su alrededor, envolviéndolo como un manto de serenidad. Al continuar respirando profundamente, esta esfera de luz se hace más grande, envolviendo no solo su cuerpo, sino todo el espacio donde se encuentra. Una vez que el lector se siente completamente inmerso en esta luz, puede imaginar que, desde el horizonte de esta luminosidad, surge la figura de su ser querido, como una silueta que camina lentamente hacia él.

    La luz que los envuelve se convierte en un puente, un canal de comunicación donde no se necesitan palabras. Puede ser un momento para transmitir pensamientos, sentimientos, o simplemente compartir la paz de ese instante. En esta visualización, la luz simboliza el amor puro, la energía que conecta a los seres vivos con aquellos que ya no están en este plano. El lector puede visualizar cómo, al finalizar el encuentro, la figura de su ser querido se desvanece suavemente, como si regresara a esa luz dorada, dejando atrás una sensación de calma y gratitud.

    La "caminata en la playa" es otro ejercicio recomendado para quienes encuentran consuelo en la naturaleza. En este ejercicio, se invita al lector a imaginarse caminando descalzo por la orilla de un océano tranquilo. Siente la textura de la arena bajo sus pies, la brisa fresca que acaricia su rostro, y el sonido rítmico de las olas que van y vienen. A medida que camina, puede visualizar que a su lado, un par de huellas adicionales comienza a formarse en la arena, marcando la presencia de su ser querido. Estas huellas caminan junto a él, y el lector puede sentir que no está solo, que en cada paso, la energía de su ser amado lo acompaña.

Durante esta caminata imaginada, el lector puede hacer una pausa, mirar hacia el horizonte donde el cielo se encuentra con el mar, y sentir que sus pensamientos fluyen como las olas, llegando hasta la otra orilla, donde se encuentra su ser querido. Puede imaginar que ambos se sientan juntos en la arena, compartiendo el sonido de las olas, sin necesidad de palabras, solo disfrutando del momento. Esta visualización busca transmitir la idea de que la conexión trasciende el espacio físico, que incluso en la vastedad del océano imaginado, el amor sigue siendo el hilo que los une.

Un ejercicio particularmente sanador es la "visualización del abrazo". Aquí, el lector puede cerrar los ojos y recordar un abrazo que compartió con su ser querido cuando estaba en vida. Se le invita a recrear en su mente cómo se sentían los brazos de esa persona rodeándolo, la calidez de su cuerpo, el consuelo de su presencia. A medida que la imagen se hace más clara, el lector puede imaginar que este abrazo se da de nuevo, que esa persona aparece frente a él y lo envuelve con el mismo cariño de antaño. Este abrazo no es solo un gesto físico, sino una manifestación de la conexión profunda que aún existe.

Mientras mantiene esta imagen en su mente, el lector puede decir en silencio lo que le gustaría expresar, lo que quedó sin decir, o simplemente dejar que el silencio hable por él. La sensación del abrazo, aunque imaginada, puede traer una oleada de paz y consuelo, recordándole que el amor no se pierde, sino que se transforma, que las despedidas físicas no significan el final del lazo que une las almas.

Por último, la "visualización del cielo estrellado" es ideal para aquellos que buscan un contacto más cósmico con sus seres queridos. En este ejercicio, el lector se imagina recostado sobre una colina, bajo un cielo lleno de estrellas. Cada estrella es una chispa de luz que representa una conexión, un recuerdo, un sentimiento. Mientras contempla este cielo, puede imaginar que una estrella en particular brilla más intensamente, como si enviara un mensaje desde la distancia. Esa luz puede ser el símbolo de la presencia de su ser querido, una señal de que, más allá de los límites de la vista, su energía sigue allí, guiándolo.

Durante esta visualización, el lector puede extender una mano hacia la estrella, imaginando que un rayo de luz desciende desde ella hasta su palma, llenándola de una calidez indescriptible. Es un momento para sentir que, aunque el universo sea vasto, siempre hay un punto donde las almas se encuentran, donde las distancias se acortan y el amor brilla como un faro en la oscuridad.

Cada uno de estos ejercicios de visualización guiada ofrece una forma de reconectar, de encontrar paz en la memoria y en la energía que trasciende la vida física. No se trata de imponer expectativas sobre lo que se debe sentir o experimentar, sino de permitir que el corazón guíe el proceso, que la imaginación se convierta en el lazo que une los mundos. La visualización, en su esencia, nos recuerda que el amor es la forma más pura de conexión, y que, aunque nuestros seres queridos hayan partido, su luz siempre encuentra una forma de brillar en la oscuridad de nuestras noches.

Capítulo 24
El Papel de las Memorias

Las memorias, esos hilos delicados que entretejen nuestro ser con el pasado, son una puerta hacia lo eterno. En cada recuerdo que guardamos, hay un fragmento de quienes amamos, una chispa de su esencia que se mantiene viva.

El acto de recordar no es simplemente una evocación de momentos pasados; es una manera de invocar la presencia de aquellos que dejaron una marca en nuestra vida. En la quietud de la mente, cada memoria se convierte en un puente entre el presente y el pasado, permitiendo que las energías de los seres queridos se hagan sentir de nuevo, como un susurro que recorre el alma. A través de este proceso, se puede llegar a sentir la calidez de su sonrisa, el eco de sus palabras y el confort de su abrazo, aunque el tiempo y la distancia física nos separen.

La memoria tiene un poder que va más allá de la simple nostalgia. Al centrarse en recuerdos felices, en aquellos momentos de risa y ternura compartida, se eleva la vibración emocional, abriendo un canal que facilita la conexión con el mundo espiritual. Cada sonrisa rememorada se convierte en una ofrenda de amor y gratitud, un mensaje que trasciende las barreras de lo físico, llegando hasta la esencia de aquellos que nos miran desde el otro lado del velo.

Imagina una tarde en la que te sientas a recordar una conversación significativa que tuviste con tu ser querido. Esa charla, que en su momento fue solo un instante entre muchos, ahora se convierte en un lazo de unión. Al evocar sus palabras, sientes que la esencia de esa persona se acerca a ti, trayendo consigo la misma paz que sentiste en ese momento. La memoria, en este caso, no es solo una imagen mental; es un portal, una forma de conectar con la vibración que esa persona dejó en el mundo.

En algunas tradiciones espirituales, se cree que los recuerdos felices atraen la atención de los espíritus, que responden a estas evocaciones de amor con sus propios mensajes sutiles. Esto podría manifestarse como una sensación de calma repentina, una ligera brisa que acaricia el rostro o incluso un aroma familiar que llena el aire sin explicación aparente. Son pequeñas respuestas del universo, recordatorios de que aquellos que amamos no han desaparecido del todo, sino que han cambiado de forma, encontrando nuevas maneras de hacernos sentir su presencia.

Además de los recuerdos felices, las memorias difíciles también juegan un papel importante en este proceso. No se trata de revivir el dolor, sino de encontrar un lugar de comprensión y reconciliación. Al recordar momentos de desafío, discusiones o situaciones no resueltas, se abre la posibilidad de enviar un mensaje de perdón y sanación. A través de este acto, se permite que las cargas emocionales se liberen, y se deja espacio para que la comunicación fluya con más claridad, sin los obstáculos de la tristeza o el arrepentimiento.

Por ejemplo, si un padre y su hijo tuvieron una relación complicada en vida, y el padre ha fallecido, el hijo puede recurrir a la memoria como una forma de curar las heridas que quedaron abiertas. Al recordar los momentos de tensión, puede enviar un pensamiento de amor y aceptación, imaginando que, desde su lugar en el mundo espiritual, el padre recibe ese mensaje y responde con una sonrisa apacible. Las memorias, de esta forma, se convierten en un lenguaje compartido, un medio de diálogo entre dos almas que buscan la paz.

La práctica de revivir recuerdos puede ser aún más poderosa cuando se hace de manera intencional. Se invita al lector a encontrar un lugar tranquilo, un rincón en casa donde se sienta en paz, y dedicar unos momentos a recordar de forma consciente.

Puede ser frente a una fotografía o mientras se sostiene un objeto que perteneció a su ser querido. Este simple acto de sostener un recuerdo entre las manos, de mirar un rostro conocido en una imagen, puede desencadenar una sensación de presencia, como si el espíritu de esa persona respondiera a la llamada de la memoria.

En el contexto de la conexión espiritual, el poder de las memorias se amplifica durante momentos específicos, como aniversarios, celebraciones familiares o fechas significativas. Es en esos días, cuando la nostalgia es más fuerte, que el velo entre los mundos parece volverse más delgado, permitiendo que los recuerdos fluyan con una intensidad especial. Durante estas fechas, recordar puede convertirse en un ritual propio, un homenaje íntimo que invita a la presencia del ser querido a manifestarse.

El lector puede, por ejemplo, dedicar un día especial para sentarse a recordar con intención. Puede escribir en un cuaderno sobre un día feliz que pasó con su ser querido, describiendo cada detalle: el lugar, el clima, las risas compartidas. Al relatar cada momento, puede cerrar los ojos y visualizar la escena, como si la viviera de nuevo, permitiendo que las emociones fluyan con libertad. Este acto de recordar a través de la escritura no solo es un consuelo para el corazón, sino también un mensaje enviado al otro lado, una forma de decir "aún te llevo conmigo, aún estás presente en mí".

La memoria, al igual que la energía, no conoce de fronteras. Los seres queridos que han partido siguen existiendo en el tejido de nuestras vidas, en cada recuerdo que se despierta al escuchar una canción, al ver un lugar que fue especial para ellos, o al sentir el perfume de una flor que les gustaba. Son esos pequeños momentos, esas evocaciones cotidianas, los que permiten que el lazo espiritual siga fortaleciéndose.

Las memorias, entonces, no son solo fragmentos del ayer; son la luz que nos guía en la oscuridad, la voz que susurra en el viento y la caricia invisible que nos recuerda que aquellos que amamos, aunque ausentes, siempre estarán presentes en el latido de nuestro corazón.

Sumergirse en el acto de escribir es como abrir un portal hacia las profundidades del alma. Un diario de memorias no es solo un cuaderno donde se plasman palabras; es un espacio sagrado, un refugio íntimo donde los recuerdos cobran vida, donde las emociones se liberan y donde la conexión con los seres queridos que ya no están se vuelve más palpable. A través de la escritura, el lector puede dialogar con sus propios pensamientos, explorar sentimientos no expresados y, sobre todo, dar forma a esas memorias que continúan habitando su corazón.

El proceso de mantener un diario de memorias implica más que simplemente registrar eventos del pasado. Se trata de capturar la esencia de los momentos compartidos, las pequeñas cosas que hicieron única la presencia de un ser querido en nuestra vida. Cada entrada en el diario es una forma de invocación, un llamado a la energía de aquellos que partieron, invitándolos a estar presentes en el acto de recordar.

Para comenzar este proceso, el lector puede elegir un cuaderno especial, uno que se sienta significativo, que se convierta en un símbolo de la conexión con su ser querido. El acto de escribir, hecho con intención y devoción, transforma ese cuaderno en un lugar sagrado, donde cada palabra se convierte en un puente hacia lo que fue, hacia lo que aún perdura más allá de la forma física.

El diario de memorias puede iniciarse con una simple descripción de un día importante: una celebración, un paseo, una conversación que dejó una marca. Sin embargo, lo que lo diferencia de un registro cotidiano es la profundidad con la que se exploran los sentimientos que surgen al recordar. Al escribir sobre el día en que un padre enseñó a su hijo a andar en bicicleta, por ejemplo, no solo se describe la escena, sino que se busca capturar la sensación de libertad que trajo ese primer impulso, el orgullo en los ojos del padre y la risa que resonaba como una melodía familiar. Cada detalle, por pequeño que parezca, contribuye a traer de vuelta la presencia de esa persona.

El lector puede, además, hablar directamente con su ser querido a través de las páginas. "Hoy pensé en ti mientras caminaba por el parque", "Me gustaría saber qué pensarías de este momento que estoy viviendo", "Aún siento tu risa cuando el viento sopla fuerte". Este tipo de escritura, que fluye como un monólogo íntimo, permite expresar pensamientos y emociones que a veces resultan difíciles de compartir en voz alta. Es como una carta que, aunque no tiene una dirección física, siempre encuentra su camino hacia el destinatario.

Otra práctica poderosa consiste en dedicar una página a cada memoria significativa. Por ejemplo, una página para recordar una Navidad juntos, otra para un momento de consuelo en un día difícil, otra para un consejo sabio que quedó grabado en la mente. Al llenar las páginas con estas historias, se va tejiendo un tapiz de recuerdos que no solo mantienen vivo el amor, sino que también actúan como un mapa emocional para recorrer en los días en que la ausencia se siente más pesada.

El diario de memorias también es un espacio para la exploración del simbolismo de los recuerdos. Al escribir sobre un sueño donde el ser querido apareció, el lector puede reflexionar sobre qué simboliza esa presencia, qué mensajes podrían estar escondidos en las imágenes oníricas. Este análisis no requiere experiencia en interpretación de sueños; basta con dejar que la intuición y el corazón guíen las palabras, permitiendo que las respuestas surjan en la medida en que la tinta fluye sobre el papel.

La práctica de mantener un diario de memorias tiene el poder de transformar la tristeza en un acto de creación. Es un espacio donde el dolor de la pérdida puede ser moldeado en poesía, donde el amor no tiene que decir adiós, sino que puede ser traducido en palabras que resuenen en lo más profundo del ser. A medida que el lector llena las páginas con sus pensamientos y recuerdos, el diario se convierte en un testimonio de la vida compartida, una celebración de lo que fue y de la huella imborrable que quedó en su corazón.

Además, este diario no necesita ser un espacio de escritura continua. Hay días en los que las palabras fluyen con facilidad, y otros en los que el silencio parece envolverlo todo. Y está bien. El lector puede regresar a sus páginas cuando lo sienta necesario, cuando las emociones necesiten ser liberadas, o simplemente cuando una memoria resurja con fuerza. A veces, releer lo que se escribió en días pasados puede traer una perspectiva nueva, un entendimiento renovado de la conexión que aún perdura.

Al llenar un diario de memorias, el lector no solo está creando un legado para sí mismo, sino también para las generaciones futuras. Si algún día el diario se comparte con familiares, hijos o nietos, esas páginas llenas de recuerdos y amor pueden servir como un recordatorio de las raíces, de las historias que construyeron el presente y de la conexión que trasciende el tiempo. Los descendientes podrán conocer no solo los momentos importantes de la vida de quienes ya no están, sino también la profundidad del vínculo que los unió a ellos, la forma en que ese amor sigue iluminando el camino, como un faro en la distancia.

Escribir sobre los momentos difíciles, sobre las despedidas, también forma parte de este viaje. A través del diario, el lector puede revivir y procesar esas experiencias dolorosas desde una perspectiva de aceptación y entendimiento. Escribir sobre el último adiós, sobre el vacío que quedó, puede ser una forma de liberar lo que pesa en el corazón, transformando las lágrimas en palabras que fluyen libres. En estas páginas, no hay juicios ni expectativas, solo la verdad de lo que se siente en lo más profundo.

El diario de memorias se convierte así en un compañero fiel, un confidente al que se puede volver cuando las noches se sienten largas y las estrellas parecen lejanas. En sus hojas, el lector encontrará un espacio seguro para ser vulnerable, para ser auténtico, para ser humano. Y al hacerlo, descubrirá que la conexión con sus seres queridos no es una mera ilusión, sino una realidad que vive en cada palabra, en cada recuerdo que se atreve a ser escrito.

Al final, el diario de memorias no es solo un receptáculo de palabras; es un acto de amor que trasciende el tiempo, una manifestación tangible de la conexión que nunca muere. Es un testimonio de que, aunque las voces puedan haberse desvanecido en el aire, las memorias siguen hablando, siguen susurrando su mensaje de eternidad en cada rincón del alma. Y en ese susurro, el lector puede encontrar la certeza de que el amor que compartió, de alguna forma, siempre encontrará su camino de regreso.

Capítulo 25
Rituais de Aniversário

Los aniversarios de nacimiento y de fallecimiento son fechas que resuenan profundamente en el alma. Son momentos en los que el ciclo del tiempo nos lleva de vuelta a un punto específico de nuestra historia personal, un punto marcado por la alegría de un nacimiento o por la tristeza de una despedida. Estas fechas tienen un significado único, ya que nos invitan a reflexionar sobre la vida compartida con nuestros seres queridos, así como sobre la continuidad de la conexión espiritual que perdura más allá del último aliento.

Para quienes buscan mantener viva la conexión con un ente querido que ha partido, los aniversarios se convierten en portales espirituales, donde la memoria y la emoción se entrelazan de manera más intensa. Es un día en el que el velo entre el mundo físico y el mundo espiritual parece volverse más delgado, permitiendo que los recuerdos fluyan con mayor claridad y que el amor se sienta presente, como una brisa cálida en el corazón. Reconocer estos momentos y darles un lugar especial a través de rituales es una forma de honrar el vínculo que, pese a la distancia, sigue siendo fuerte y auténtico.

El lector puede acercarse a estas fechas de diferentes maneras, según lo que resuene con su corazón y su experiencia. Los rituales de aniversario no requieren de elaboradas ceremonias, sino de intenciones sinceras, de actos que reflejen el amor y la gratitud que se siente por la persona que partió. Cada gesto, cada palabra, cada pensamiento tiene un poder especial en estos días, y es a través de ellos que se puede construir un puente entre el presente y los recuerdos.

Un primer paso para crear un ritual de aniversario puede ser la preparación de un espacio en el hogar, un pequeño altar dedicado al ser querido. En este altar, el lector puede colocar una foto significativa, junto con una vela que represente la luz de su presencia y una flor fresca, como símbolo de la vida que sigue floreciendo en la memoria. Al encender la vela, el acto se convierte en un homenaje silencioso, un mensaje que atraviesa las dimensiones, una invitación a compartir ese momento de recuerdo y paz.

A lo largo del día, el lector puede permitirse pequeños momentos de pausa, donde se cierra los ojos y se respira profundamente, imaginando la presencia del ser querido cerca. Esos instantes de conexión interior, aunque breves, tienen el poder de traer consuelo, de recordar que la energía de quienes amamos no se pierde, sino que se transforma, habitando el aire que respiramos, las melodías que nos tocan y las luces que brillan en el cielo nocturno.

Otra forma de ritual es realizar una caminata especial en un lugar significativo, como un parque que ambos solían visitar o un sendero que el ser querido apreciaba. Durante esta caminata, se puede hablar en voz alta o en el pensamiento, recordando anécdotas, risas compartidas, o simplemente expresando lo que ha cambiado desde su partida. El viento que acaricia el rostro y el crujir de las hojas bajo los pies se convierten en respuestas sutiles, en la confirmación de que el amor sigue presente en la naturaleza que nos rodea.

En el día del aniversario de un nacimiento, el tono del ritual puede ser de celebración de la vida, recordando los momentos que definieron la esencia del ser querido. Se pueden preparar sus comidas favoritas, escuchar la música que más disfrutaba, o incluso ver una película que solían compartir juntos. La intención es traer de vuelta a la mente aquellos momentos que definieron su risa, su forma de ver el mundo, su luz particular.

Este tipo de ritual es una forma de decir "tu vida sigue viva en mi memoria", una manera de celebrar la huella indeleble que dejaron.

En contraste, el aniversario de un fallecimiento puede llevar a un tono más introspectivo, más centrado en el proceso de sanación y en el recuerdo de los últimos momentos. No se trata de revivir la tristeza, sino de aceptar la transformación del vínculo, de reconocer que el amor que se siente sigue presente aunque la forma haya cambiado. Encender una vela y dedicarle unos minutos de silencio a la memoria de la persona puede ser un acto simple, pero lleno de significado. En ese silencio, la presencia del ser querido puede sentirse más cercana, como si susurros del pasado recorrieran el espacio, trayendo consuelo.

En ocasiones, las familias eligen reunirse en estas fechas para compartir historias y anécdotas del ser querido. Este tipo de ritual grupal permite que cada miembro aporte una parte de su experiencia, creando un mosaico de recuerdos que honra la vida de la persona de manera colectiva. Cada historia compartida es una forma de mantener viva la esencia del ser amado, de pasar la antorcha de su legado a las generaciones más jóvenes, de recordar que, aunque ya no esté físicamente, su historia sigue siendo contada, su risa sigue siendo escuchada.

El acto de escribir también puede ser un poderoso ritual de aniversario. El lector puede escribir una carta al ser querido, expresando lo que ha cambiado desde su partida, lo que se ha aprendido, lo que aún se anhela compartir. Estas cartas no tienen que ser enviadas ni leídas por nadie más; el solo hecho de poner las palabras en papel es un acto de liberación, de dar voz a los sentimientos que a veces se acumulan en el silencio del alma. Estas cartas pueden ser guardadas como un testimonio personal de la evolución del luto, o bien, quemadas como una forma de enviar las palabras al cielo, permitiendo que el humo las eleve como un susurro hacia el más allá.

Algunos prefieren realizar un acto simbólico al aire libre, como plantar un árbol en memoria del ser querido. El árbol, que crecerá con el paso de los años, se convierte en un símbolo de la permanencia de la vida y de la continuidad del amor. Cada hoja que brota, cada sombra que proyecta en el suelo, es un recordatorio de que, aunque la vida se transforme, la conexión espiritual sigue enraizada en el corazón.

Lo más importante de los rituales de aniversario es que se adapten a las necesidades del corazón de quien los realiza. No hay reglas estrictas ni expectativas que cumplir, solo la intención sincera de recordar y de honrar a quien fue y a quien sigue siendo, en otro plano. A través de estos rituales, el lector puede encontrar una forma de transformar el dolor en un acto de amor, de transformar la ausencia en una presencia que se siente en cada pequeño detalle.

Los aniversarios son momentos en los que el tiempo parece doblarse sobre sí mismo, permitiendo que lo pasado y lo presente se encuentren en un mismo punto. Son días en los que la memoria se convierte en un eco de la eternidad, y en los que el amor se siente más fuerte, más palpable. Celebrar estos momentos a través de rituales es una manera de mantener viva la llama, de reafirmar que el lazo con los seres queridos no se rompe, sino que se transforma en un lazo que une corazones más allá de los límites del tiempo y el espacio.

Los aniversarios de nacimiento y fallecimiento, marcados por la profundidad emocional de los recuerdos, también pueden convertirse en momentos de celebración y conexión consciente.

Una de las formas más significativas de conmemorar a un ser querido en su aniversario es mediante la creación de un espacio sagrado. Este espacio puede ser un altar temporal, una mesa decorada con objetos que evoquen la memoria del ser querido: una fotografía que capture su esencia, una vela encendida que simbolice la luz de su presencia, y elementos naturales como flores frescas o un pequeño ramo de hierbas aromáticas. En este espacio, la intención de cada objeto es abrir un canal de comunicación, permitiendo que el amor fluya libremente entre los mundos.

En estas fechas especiales, es común que surja el deseo de expresar pensamientos y sentimientos que quedaron guardados, o de reafirmar el vínculo con el ser querido de manera espiritual.

Una práctica efectiva es escribir cartas de amor, gratitud o incluso de disculpas, que sirven como un vehículo para canalizar emociones. Estas cartas pueden ser guardadas junto al altar, quemadas para que el humo lleve las palabras al cielo, o enterradas junto a una planta o un árbol en honor al ser amado, como un símbolo de la continuidad de la vida y del crecimiento que trae el recuerdo.

Otra forma de conmemorar es a través de encuentros familiares, donde cada persona puede compartir anécdotas, risas y lágrimas. Reunir a la familia en torno a una mesa, recordar los momentos felices compartidos, o simplemente hablar de lo que el ser querido significó para cada uno, puede ser un acto profundamente sanador. Estas conversaciones no solo reviven la memoria, sino que también fortalecen los lazos entre quienes siguen aquí, uniendo a todos bajo el manto de la memoria compartida.

El uso de la música en estos encuentros añade una dimensión especial a la conmemoración. Reproducir las canciones que el ser querido amaba, o aquellas que evocan momentos importantes, crea una atmósfera que facilita el flujo de emociones. La música, con su capacidad de tocar el alma, se convierte en un vehículo de mensajes hacia lo espiritual, permitiendo que las notas se eleven como un canto de amor hacia quienes ya no están. Escuchar, cantar o tocar una melodía puede ser una forma de sentirse más cerca, de permitir que las memorias resuenen en el presente.

También se puede considerar la realización de una pequeña ceremonia de luz, donde cada participante enciende una vela y, al hacerlo, envía un pensamiento o un mensaje al ser querido. Esta sencilla acción, realizada al unísono, crea un círculo de luz y de energía que se proyecta hacia lo alto, simbolizando la conexión que trasciende las barreras físicas. Las llamas, cada una danzando con su propia intensidad, se entrelazan en una comunión de deseos, formando un faro de amor que guía el espíritu del ser recordado.

En el aniversario de alguien querido, sembrar flores en su honor o dedicar una jornada a cuidar un jardín puede ser un tributo a la vida que ellos amaban, a las pequeñas cosas que disfrutaban. Cada flor que florece se convierte en un mensaje silencioso, una forma de decir "sigues presente en cada rincón de mi mundo".

Para quienes prefieren un enfoque más introspectivo, la meditación guiada es una herramienta poderosa. Dedicar unos minutos a cerrar los ojos, respirar profundamente y visualizar al ser querido rodeado de luz, es una forma de conectar desde el corazón. Durante esta meditación, el lector puede imaginar que sus palabras viajan como un hilo dorado, atravesando el tiempo y el espacio, alcanzando la esencia del ser que ha partido. Esta práctica, más que buscar una respuesta concreta, se enfoca en el acto de dar, en el envío de amor puro y desinteresado.

Una variante de esta meditación es realizarla al aire libre, bajo el cielo nocturno, observando las estrellas que brillan en la inmensidad. En estas noches, el lector puede elegir una estrella que sienta especial y dedicarle un pensamiento, imaginando que esa luz refleja la esencia de quien partió. El cielo se convierte así en un lienzo de mensajes silenciosos, donde cada estrella es una palabra, un susurro, un "te amo" que resuena en la eternidad.

En estas prácticas, lo importante no es la forma precisa del ritual, sino la sinceridad de la intención que lo impulsa. Cada persona puede adaptar las sugerencias según lo que resuene con su alma, creando actos que sean verdaderamente significativos para su propia experiencia de conexión. Los aniversarios, al final, son un recordatorio de que el amor trasciende la muerte, de que los vínculos no se rompen, sino que se transforman en hilos invisibles que conectan corazones separados por el tiempo.

Al final del día, después de realizar cualquier práctica de conmemoración, es esencial tomarse un momento para agradecer. Agradecer la vida compartida, los aprendizajes, las risas, y también las lágrimas que ahora nutren la tierra del crecimiento personal. Agradecer la oportunidad de haber conocido a un ser querido tan especial, de haber compartido un tramo del camino.

Esta gratitud, expresada en silencio o en voz alta, es una forma de cerrar el ciclo del día con un corazón en paz, sabiendo que, de alguna forma, la comunicación ha sido establecida.

La celebración de estos aniversarios se convierte en un bálsamo para el alma, un espacio donde lo espiritual y lo terrenal se encuentran para sanar y reconfortar. Son oportunidades para reafirmar que, aunque la forma de la presencia haya cambiado, el amor y la conexión permanecen. Y es este amor el que, como una llama que nunca se apaga, sigue iluminando la vida de quienes quedan, guiando sus pasos y ofreciendo consuelo en cada nueva estación de la existencia.

Capítulo 26
A Arte como Canal Espiritual

La expresión artística ha sido, a lo largo de la historia, un vehículo para lo intangible, una forma de transmitir lo que no puede ser capturado con palabras. En la búsqueda de la conexión espiritual con aquellos que han partido, la creación artística se convierte en un puente sutil, un lenguaje silencioso que comunica desde las profundidades del alma hacia el mundo espiritual.

Cada pincelada, cada palabra escrita, cada nota tocada puede ser una ofrenda de amor, un eco de la presencia de quienes ya no están físicamente pero que siguen presentes en nuestro corazón. La pintura, por ejemplo, se convierte en una forma de plasmar en el lienzo lo que la mente visualiza y el corazón anhela. Colores suaves pueden representar la paz que deseamos transmitir, mientras que tonos más profundos expresan la intensidad de la emoción. Los paisajes, las formas abstractas o las imágenes que evocan recuerdos específicos se transforman en una conversación silenciosa con aquellos que partieron.

La elección de los colores no es casual. En el proceso de pintar, el artista puede elegir tonos que representen lo que siente por el ser querido: el azul de la calma, el verde de la esperanza, el dorado de la luz espiritual que nunca se apaga. Al dedicar una obra a un ente querido, se puede visualizar que cada trazo es una caricia, un susurro de lo que no pudo ser dicho en vida. Así, el lienzo se convierte en un mapa de emociones y en un espacio sagrado donde lo terrenal y lo espiritual se encuentran.

La escritura, por otro lado, permite que el fluir de pensamientos y sentimientos se transforme en un río de palabras que busca un destinatario especial. Escribir una carta, un poema o incluso un diario dedicado al ser querido es una manera de canalizar emociones complejas y darles forma. En este acto, el papel se convierte en un confidente silencioso, un lugar donde los recuerdos y los deseos se encuentran, se entrelazan, y viajan hacia el más allá como un mensaje escrito en las corrientes de la energía universal.

Para algunos, la escritura puede tomar la forma de relatos que recrean momentos compartidos, cuentos en los que el ser querido vuelve a aparecer, envuelto en la luz del amor y la nostalgia. Este proceso de crear historias puede ser catártico, una forma de revivir esos momentos preciados y, al mismo tiempo, de transformarlos en algo nuevo, algo que perdura en el papel. A través de las palabras, el dolor se convierte en arte, y el arte se convierte en un puente que cruza el tiempo y el espacio.

La música, con su vibración particular, tiene el poder de resonar en niveles que las palabras no pueden alcanzar. Tocar un instrumento, componer una melodía o simplemente elegir canciones que evoquen la presencia del ser querido crea un espacio donde las almas parecen danzar al ritmo de cada nota. La música puede ser una forma de oración, un canto que se eleva hacia el cielo, un latido que recuerda que el amor sigue vivo, más allá de la ausencia física.

En la tradición de diversas culturas, la música ha sido utilizada como un medio para honrar a los fallecidos, para llamar a sus espíritus y celebrar su vida. Desde los cantos fúnebres hasta las melodías alegres que evocan la esencia de quienes partieron, la música acompaña el viaje de la memoria. Cada instrumento tiene una voz distinta, y elegir uno que resuene con el espíritu del ser querido es como elegir el tono de un diálogo íntimo y sagrado.

Un piano que toca una melodía suave al caer la tarde, una guitarra que rasga acordes al aire libre, o una flauta que libera notas en el silencio de la noche, pueden ser formas de expresar lo que el corazón guarda. En ese momento, el músico puede imaginar que las notas viajan como ondas, alcanzando la esencia de aquel a quien están dedicadas. La música se convierte en una carta sin palabras, que lleva consigo el mensaje más profundo: "aún estás aquí, en cada sonido, en cada silencio".

Para aquellos que prefieren un enfoque más íntimo, la creación de un diario artístico, donde se mezclan palabras, dibujos y pequeñas composiciones, puede ser una forma poderosa de mantener la conexión. Este diario se convierte en un espacio de expresión personal, donde cada página es un portal hacia un encuentro espiritual. Se pueden agregar fotografías, recuerdos físicos como flores secas, y reflexiones escritas a mano que nacen del deseo de mantener viva la memoria.

El acto de crear, ya sea mediante la pintura, la escritura o la música, no es solo un ejercicio de expresión personal, sino también un acto de entrega. Se convierte en un canal abierto, una manera de dejar que la energía fluya desde el corazón hasta el cosmos, con la esperanza de que, en algún lugar más allá del tiempo, el ser querido reciba la vibración de ese amor. Al enfocarse en la intención durante el proceso creativo, cada obra se carga de un significado especial, convirtiéndose en un verdadero mensaje espiritual.

La creación se presenta así como un homenaje, un acto de amor que trasciende lo efímero y se conecta con lo eterno. En cada pincelada, en cada palabra, en cada nota, el amor se hace tangible, y el arte se transforma en la voz del alma que continúa hablando, incluso después de la despedida.

La práctica del arte como un medio para establecer contacto con el mundo espiritual puede ir más allá de la simple expresión personal; se convierte en un ritual íntimo, una ceremonia en la que el artista es el oficiante y la obra, el altar.

El primer paso para realizar un ritual artístico es preparar el espacio. Tal como en otros rituales espirituales, el ambiente influye profundamente en la energía que se desea manifestar. Un lugar tranquilo, donde la luz y los sonidos estén en armonía, ayuda a crear la atmósfera propicia para que el proceso creativo se transforme en un acto de conexión. En este espacio, se pueden encender velas, utilizar cristales y difundir esencias como lavanda o sándalo, invitando a una sensación de calma y apertura espiritual.

La pintura ritual, por ejemplo, no se trata solo de plasmar una imagen, sino de permitir que el flujo de la energía emocional se canalice a través de los colores y las formas. Antes de comenzar, es importante dedicar un momento a la meditación, a visualizar al ser querido y sentir la intención que se desea transmitir. Al sumergir el pincel en la pintura, el creador puede imaginar que está cargando cada gota de color con esa emoción, ya sea amor, paz, o un mensaje de despedida. Cada trazo se convierte así en una línea de conexión, un hilo que une dos mundos.

La elección de los elementos con los que se pinta también tiene un significado simbólico. Usar agua de una fuente natural, por ejemplo, puede simbolizar la fluidez y la conexión con el ciclo de la vida. Incorporar tierra, flores secas o hierbas en la mezcla de colores puede traer consigo la energía de la naturaleza, recordando que la vida y la muerte son partes de un mismo proceso de transformación. Al finalizar la obra, se puede dedicar un momento a contemplarla, sosteniendo la intención de que ese mensaje, plasmado en el lienzo, alcance al destinatario al otro lado del velo.

La escritura ritual se enriquece cuando se combina con elementos simbólicos que potencian la intención del mensaje. Un ejemplo es escribir cartas a mano, dedicadas a la memoria del ser querido, usando papel especial y una pluma que simbolice el canal de comunicación. Cada palabra, escrita con cuidado, se convierte en un mantra que vibra con la energía de la conexión. Para reforzar este proceso, se pueden agregar pequeñas gotas de agua de rosas o quemar un poco de incienso mientras se escribe, dejando que el humo eleve las palabras hacia el universo.

Una vez que la carta esté escrita, hay varias formas de concluir el ritual. Quemar la carta en una vela mientras se recitan pensamientos de amor y gratitud permite que las palabras se transformen en cenizas y humo, viajando hacia los cielos. Otra forma es enterrar la carta bajo un árbol, como si se plantara una semilla de intención, permitiendo que la energía del mensaje se nutra y crezca con la tierra. Si el agua resuena más con el simbolismo del lector, soltar la carta en un río o en el mar puede simbolizar el flujo continuo de la vida y el amor que nunca cesa, llevando el mensaje hacia la eternidad.

La música también encuentra un lugar especial en los rituales artísticos. Componer una melodía o tocar un instrumento con la intención de dedicar cada nota a un ente querido puede transformar la música en un rezo. No es necesario ser un músico experimentado; lo importante es la intención y el sentimiento que se coloca en cada acorde. Se puede tocar una canción especial al amanecer o al atardecer, cuando la luz del sol toca el horizonte, creando un momento en que la música se convierte en un puente entre el mundo físico y el espiritual.

Para quienes prefieren la creación de obras más táctiles, se pueden realizar mandalas con elementos naturales como piedras, pétalos y hojas secas, dedicándolos a la memoria del ser querido. Cada círculo del mandala puede simbolizar una etapa de la vida compartida, un recuerdo, un deseo. Al crear el mandala en un espacio natural, como un jardín o la orilla de un río, la obra se fusiona con la tierra, devolviendo la intención al ciclo natural. Al finalizar, se puede recitar una oración o simplemente agradecer en silencio por el tiempo y la presencia de quien ya no está físicamente, pero que sigue vibrando en el corazón.

Otra forma de ritual artístico es la creación de murales de memoria en el hogar, un espacio donde fotos, frases, dibujos y pequeños objetos que recuerdan al ser querido se integran en un todo. Este mural se convierte en un altar vivo, que crece y cambia con el tiempo, donde cada nuevo elemento añadido es una conversación renovada. El acto de decorar y reorganizar este espacio es, en sí mismo, un acto meditativo, una forma de volver a conectarse y recordar que la presencia de los seres amados perdura en cada pequeño detalle.

La intención es la esencia de cualquier ritual. En el arte, esta intención fluye a través de cada elección que se hace: los materiales, los colores, las palabras, las notas. Al combinar el proceso creativo con un propósito espiritual claro, el acto de crear se transforma en una puerta abierta al misterio, un canal a través del cual el amor se convierte en mensaje. Y aunque la respuesta del otro lado pueda ser sutil, un sueño, un susurro de viento, un brillo especial en la luz, la certeza de que se ha expresado lo que el corazón guardaba trae consigo una paz profunda.

El ritual artístico no tiene una forma única ni estricta; es una invitación a que cada persona descubra cómo expresar su sentir de la manera que le sea más natural y significativa. Así, la pintura, la escritura y la música se entrelazan en un tapiz de conexión, donde el espíritu se comunica a través de símbolos que trascienden el lenguaje. El arte se convierte en un espejo del alma, reflejando no solo el amor hacia quienes partieron, sino también la aceptación de que el proceso de la vida continúa, rico en matices y significados, donde cada creación es una celebración de la conexión eterna.

Capítulo 27
La Búsqueda del Perdón

El perdón es un sendero que se recorre con el alma desnuda, un viaje interno donde se confrontan heridas profundas y se descubre la liberación en la reconciliación. En el contexto de la conexión espiritual con los seres queridos que han partido, el perdón se convierte en un puente esencial, una vía que nos permite sanar vínculos que pudieron haber quedado inconclusos, abriendo paso a una comunicación más clara y fluida entre los dos mundos.

El proceso del perdón puede tomar diversas formas, ya que cada persona lleva consigo su propia carga emocional y sus propias historias de dolor. Para algunos, se trata de perdonar al ser querido que partió, quizás por desacuerdos no resueltos, palabras duras que quedaron suspendidas en el aire, o ausencias que dejaron cicatrices. Para otros, la necesidad de perdón recae sobre ellos mismos, al no haberse permitido expresar lo que sentían en vida, al guardar rencores que ahora se sienten pesados como piedras.

El perdón también puede ir más allá de las relaciones personales, extendiéndose hacia la propia vida y hacia el universo. Enfrentarse a la partida de un ser amado puede despertar sentimientos de ira, frustración y culpa, tanto hacia uno mismo como hacia el destino. Es en este espacio de vulnerabilidad donde el perdón se convierte en un bálsamo, un acto de rendición que permite aceptar que la vida sigue su curso, incluso cuando el dolor parece detener el tiempo. Aceptar que cada alma sigue un trayecto único y que la muerte, aunque inevitable, forma parte de ese viaje.

La práctica de la meditación puede ser un primer paso en este sendero. Sentarse en silencio, cerrando los ojos y respirando profundamente, permite que emerjan las emociones ocultas. En ese espacio de quietud, se pueden visualizar aquellas experiencias que necesitan ser sanadas, las palabras que quedaron por decir, los momentos de conflicto o de distanciamiento. Al traer estos recuerdos al presente, se puede imaginar un rayo de luz que conecta el corazón propio con el del ser querido, un lazo que lleva consigo la energía del perdón y la reconciliación.

El diálogo interno es una herramienta poderosa en este proceso. Hablar con el ser querido desde el corazón, aún si ya no está presente físicamente, es una forma de liberar esas cargas que pesan sobre el alma. Se puede decir en voz alta lo que se hubiera deseado decir en vida, o lo que el dolor ha impedido expresar. Estas palabras, cargadas de sinceridad, se convierten en un acto de entrega, como un río que fluye, llevándose con él el peso del resentimiento.

En este contexto, el perdón no implica olvidar ni minimizar el dolor experimentado. Al contrario, se trata de reconocer la profundidad de las heridas, de darles un espacio para ser vistas y comprendidas, y luego soltarlas, permitiendo que se disuelvan en la energía del amor. Perdonar no es justificar, sino liberar; es permitir que el pasado ocupe su lugar como un capítulo cerrado, dejando que el presente se abra a nuevas posibilidades de paz y conexión.

Otra forma de trabajar el perdón es a través de la escritura, un medio íntimo y personal para dar forma a las emociones. Escribir cartas que nunca se enviarán físicamente, pero que contienen la esencia de lo que se desea transmitir, puede ser un acto de profunda catarsis. En estas cartas, se pueden expresar los sentimientos de dolor, los arrepentimientos, las palabras de amor que no encontraron su momento. Luego, estas cartas pueden ser quemadas, enterradas o lanzadas al agua, como una forma simbólica de dejar ir lo que ya no necesita ser sostenido.

El uso de afirmaciones también puede ayudar a reprogramar la mente y el corazón en el camino hacia el perdón. Frases como "Me permito liberar el dolor", "Perdono para encontrar paz", o "Reconozco el amor que existe más allá de la herida" pueden repetirse durante momentos de meditación o antes de dormir, permitiendo que estas ideas penetren en lo más profundo del ser y se conviertan en semillas de cambio.

La naturaleza, con su sabiduría silenciosa, también puede ser un aliado en el proceso de perdonar. Realizar una caminata en un bosque, junto a un río, o sentarse a observar el horizonte al atardecer, permite que el entorno natural acompañe el proceso de soltar. En estos momentos, se puede hablar en silencio al ser querido, dejando que el viento lleve las palabras, o escribir el nombre de esa persona en la arena, observando cómo las olas borran suavemente las letras, llevándose el peso de las emociones no resueltas.

El perdón es un acto de valentía, un regalo que no solo se ofrece a los demás, sino que se ofrece a uno mismo. Al permitir que el perdón sane las heridas, se crea un espacio para que el amor vuelva a fluir, sin las barreras del rencor o la culpa. Y es en ese espacio renovado donde la conexión con el ser querido se siente con más claridad, donde las palabras de amor y los susurros del espíritu encuentran un terreno fértil para florecer. El perdón nos recuerda que el amor siempre encuentra la manera de sobreponerse al dolor, de transformarse y continuar, como un río que nunca deja de fluir hacia el mar de la eternidad.

Una vez que se ha iniciado el camino del perdón, la sanación emocional se convierte en un proceso continuo, como una espiral que lleva al corazón a liberarse capa por capa de aquello que lo ha oprimido.

El primer rito sugerido es la escritura de cartas de liberación. Estas cartas no son simples palabras en un papel, sino un vehículo para volcar las emociones que no han encontrado salida. Escribir puede ser un acto de valentía, donde se permite que cada lágrima caiga sobre la tinta, que cada pensamiento reprimido tome forma, liberando los sentimientos de culpa, tristeza o enojo. La carta puede dirigirse al ser querido, a uno mismo, o incluso al universo, con el fin de soltar aquello que ha permanecido como una carga en el corazón. Una vez escrita, se recomienda realizar un pequeño ritual, como quemarla en la llama de una vela, observando cómo las palabras se transforman en humo, liberándose en el aire, o enterrarla en un lugar especial, simbolizando el retorno de estas emociones a la tierra, para que la naturaleza las transmute.

Otro rito poderoso para la sanación emocional es el uso de visualizaciones guiadas, donde el lector es invitado a cerrar los ojos y visualizar un encuentro con su ser querido en un lugar seguro y lleno de luz. Este lugar puede ser un jardín, un campo de flores, o la orilla de un lago sereno, un espacio donde el dolor y la distancia no existen, solo la sensación de presencia y amor. En esta visualización, se imagina un diálogo silencioso, donde las palabras no son necesarias, pero el entendimiento fluye de corazón a corazón. Este ejercicio permite que surja la sensación de liberación y alivio, como si cada respiración profunda aligerara el peso de la tristeza acumulada.

La creación de un altar de sanación también es una práctica que puede ayudar a enfocar la energía en la liberación de emociones. Este altar no es un lugar estático, sino un espacio vivo, cargado de la energía de quien lo ha creado. Puede incluir fotos del ser querido, cristales que simbolicen la paz y la claridad como el cuarzo rosa o la selenita, y velas de colores suaves, que representen la luz y la serenidad. Colocar una carta o una flor en este altar, acompañada de una oración de liberación, puede ser un acto profundo de entrega, un símbolo de que el corazón está dispuesto a dejar ir lo que ya no necesita sostener.

Los baños de hierbas y flores son otra herramienta poderosa en la curación emocional. Las plantas tienen la capacidad de absorber y transformar energías, ayudando a liberar las emociones estancadas en el cuerpo y el alma. Se recomienda preparar un baño con agua tibia, añadiendo pétalos de rosa, lavanda, manzanilla o cualquier planta que resuene con la paz y la tranquilidad. Sumergirse en este baño, mientras se medita en el proceso de liberación, permite que la propia agua se lleve la carga emocional, como si cada gota se convirtiera en un canal para desvanecer la tristeza. Al finalizar el baño, se puede verter el agua en la tierra, agradeciendo a la naturaleza por recibir las emociones liberadas.

La respiración consciente es otra práctica que puede acompañar estos ritos de sanación. Al sentarse en un lugar tranquilo y enfocar la atención en la respiración, uno puede imaginar que cada inhalación trae consigo una luz suave y cálida, y que cada exhalación libera una nube oscura de sentimientos reprimidos. Visualizar esta energía saliendo del cuerpo puede crear una sensación tangible de alivio, como si el aire mismo purificara cada rincón del alma. La respiración consciente, cuando se realiza con regularidad, ayuda a mantener un estado de serenidad y apertura, permitiendo que las emociones se procesen de manera natural.

El poder del sonido es otra herramienta fundamental en la curación emocional. Los cuencos tibetanos, los mantras, o simplemente una melodía suave pueden resonar en lo más profundo del ser, deshaciendo nudos emocionales que las palabras no alcanzan a tocar. Sentarse en un lugar cómodo, rodeado de un sonido sanador, y permitir que las vibraciones penetren en cada célula, es un regalo que se da al cuerpo y al alma. Es como un masaje espiritual, que desbloquea y libera, permitiendo que la paz se asiente suavemente.

En este proceso de sanación, también se pueden realizar caminatas meditativas en la naturaleza. Caminar por un bosque, a lo largo de un río o a la orilla del mar, puede ser una forma de sintonizar con el ritmo natural del universo, de recordar que así como las olas van y vienen, así también las emociones fluyen y se transforman. Durante estas caminatas, el lector puede repetir internamente frases como "Me libero del dolor", "Dejo ir con amor" o "Agradezco cada momento compartido", sintiendo cómo cada paso se convierte en un acto de desprendimiento y aceptación.

Finalmente, un acto de cierre para este proceso de sanación emocional puede ser una ceremonia de gratitud. Encender una vela, colocar en un cuenco pequeños objetos simbólicos como piedras, flores o incluso una carta de despedida, y expresar en voz alta el agradecimiento por cada momento vivido, por cada lección aprendida, puede ser un acto de profunda liberación. Al terminar la ceremonia, se puede dejar que la vela se consuma por completo, como un símbolo de que el proceso ha sido completado, de que la luz del amor y la gratitud ha transformado las sombras del dolor.

Los ritos de curación emocional no son una fórmula mágica que borra el dolor de un día para otro, sino un camino de cuidado y paciencia. Cada uno de estos actos, aunque simples, tiene el poder de tocar las fibras más delicadas del alma, de sanar las grietas que el luto ha dejado, permitiendo que la energía de la conexión espiritual se sienta más clara y ligera. Con cada pequeño paso en este sendero de sanación, el lector se acerca un poco más a la paz interior, a la certeza de que el amor trasciende cualquier frontera y de que, aunque los cuerpos se disuelvan, el lazo que une los corazones permanece eterno, fluyendo en la energía sutil del universo.

Capítulo 28
La Presencia en la Naturaleza

La naturaleza es un refugio silencioso y eterno, un lugar donde el flujo de la vida y la muerte se entrelazan en un ciclo continuo de renovación. Para muchos, encontrar la presencia de un ser querido que ha partido no implica necesariamente buscar señales extraordinarias, sino abrirse a la sutileza de lo cotidiano: la brisa que roza el rostro, el murmullo de las hojas al viento, la calidez del sol en la piel.

Al caminar por un bosque o sentarse a la orilla de un lago, es posible sentir una conexión que trasciende las palabras. Es como si la naturaleza, con su inmensidad, nos recordara que la vida nunca se detiene, que siempre hay algo que florece, incluso en medio del invierno. Para quienes han perdido a un ser querido, estos momentos pueden transformarse en oportunidades para sentir que, aunque la persona ya no esté físicamente presente, su energía sigue formando parte de ese ciclo eterno de transformación.

Una de las formas más sencillas de percibir esta presencia es a través del contacto directo con la tierra. Caminar descalzo sobre la hierba, sentir la humedad del suelo, o simplemente abrazar a un árbol puede ser una experiencia profundamente sanadora. La tierra guarda en su memoria la historia de todos los seres que han caminado sobre ella, y conectarse con su energía es, de algún modo, una manera de sentirnos acompañados por la historia y el amor de quienes nos precedieron. Al posar las manos sobre el tronco de un árbol o dejar que los pies se hundan en la arena, se puede pedir mentalmente una señal de la presencia de ese ser querido, y abrirse a la posibilidad de que esa señal llegue en la forma más inesperada: un soplo de aire, un canto de pájaro, una hoja que cae suavemente al suelo.

Los cuerpos de agua, como ríos, lagos y el mar, son especialmente poderosos en este tipo de conexión. El agua es un símbolo de vida, de renovación, pero también de memoria. Al sentarse junto a un río o al contemplar las olas del mar, uno puede sentir que cada gota que fluye es un eco de los susurros del pasado, de las voces que una vez amamos. Mirar la superficie del agua, observar su movimiento, es como mirar un espejo que refleja no solo el presente, sino también aquellos momentos compartidos que quedaron impresos en el alma. Se sugiere al lector dedicar un tiempo a estos lugares, no con la intención de buscar un mensaje concreto, sino de abrirse a lo que la naturaleza quiera ofrecer, con el corazón dispuesto a escuchar lo que las corrientes puedan susurrar.

Las montañas y las colinas, con su majestuosidad, también son espacios donde la presencia espiritual se hace sentir con fuerza. Al subir una montaña, es como si cada paso nos acercara un poco más al cielo, a la inmensidad del universo. En la cima, rodeado de la vastedad del paisaje, es común que el ser humano sienta una conexión más profunda con aquello que trasciende la materia. Las culturas antiguas lo sabían, y por eso consideraban las montañas como lugares sagrados, puntos de encuentro entre el cielo y la tierra. Para aquellos que buscan sentir la cercanía de un ser querido, subir una montaña y dedicar un momento de silencio puede ser un acto de comunión, una forma de recordar que, aunque los caminos físicos se separen, la esencia de cada ser sigue vibrando en cada rincón del cosmos.

Las flores y las plantas también guardan en sus formas y colores un lenguaje espiritual que resuena con las emociones humanas. Un jardín florecido, una planta que crece junto a la ventana, o un campo cubierto de flores silvestres pueden ser vistos como símbolos de la vida que persiste, de la transformación constante. Plantar una flor en memoria de un ser querido, cuidarla, ver cómo crece y florece, es un acto que habla de continuidad, de que la vida, aunque cambiante, sigue abriéndose camino. Cada vez que el lector observe esa flor, puede recordar que, de la misma manera que la planta transforma la luz del sol en vida, el amor compartido se transforma en recuerdos, en energía que sigue presente, aunque sea de un modo distinto.

Los atardeceres y amaneceres, con su juego de colores y luces, son momentos en los que el velo entre el mundo visible y el invisible parece ser más tenue. Contemplar el sol que desciende más allá del horizonte o que asoma por la mañana es un recordatorio de que cada final es también un nuevo comienzo. En esos instantes, cuando el día se despide o la noche da paso a la luz, muchos encuentran una conexión más íntima con lo espiritual. Se sugiere al lector que, durante estos momentos de transición, cierre los ojos y deje que la luz del sol lo envuelva, imaginando que esa luz es un abrazo, un mensaje silencioso de quienes ya no están en este plano.

La luna, con su presencia misteriosa, también actúa como un faro para quienes buscan conectar con la memoria de sus seres queridos. En noches de luna llena, cuando su luz ilumina los rincones más oscuros de la tierra, es posible sentir que su resplandor toca también los rincones ocultos del corazón, trayendo a la superficie aquellos sentimientos y recuerdos que creíamos enterrados. Contemplar la luna y dedicarle un pensamiento a ese ser amado puede ser un acto sencillo, pero profundamente reconfortante, una forma de recordar que, al igual que la luna crece y mengua, nuestras emociones también siguen un ciclo natural de expansión y recogimiento.

La conexión con la naturaleza se convierte en un medio profundo para sentir la presencia de los seres queridos que han partido, y es a través de prácticas sencillas y simbólicas que este vínculo puede intensificarse. La tierra, el agua, el viento y el fuego, elementos eternos, ofrecen canales para la comunicación espiritual, invitando al lector a redescubrir la magia que reside en el mundo natural, un espacio donde el eco de quienes amamos resuena en cada brizna de hierba y en cada ola que llega a la orilla.

Una de las prácticas más efectivas para profundizar esta conexión es caminar descalzo. El acto de liberar los pies del calzado y sentir la textura de la tierra, la frescura del rocío matutino o el calor de la arena, nos permite reconectar con la sensación de pertenencia a este mundo, recordando que la energía que nos une a nuestros seres queridos también fluye a través de la tierra que compartimos. Caminar descalzo puede ser una forma de meditación en movimiento: cada paso se convierte en una forma de agradecimiento y de apertura hacia las señales sutiles que la tierra pueda enviar, como el susurro de una brisa repentina o el crujido de una rama al romperse.

Meditar al aire libre es otro de los caminos para intensificar esta conexión. El lector puede buscar un lugar especial en la naturaleza, ya sea una roca junto a un río, la sombra de un árbol o la orilla de un lago, y sentarse en silencio. En esa quietud, cada sonido se vuelve significativo, cada movimiento del viento puede ser percibido como una caricia, y en la inmensidad del cielo, uno puede sentir la libertad del alma que ya no está limitada por un cuerpo físico. La respiración, en ese contexto, se convierte en una herramienta poderosa para sintonizarse con el entorno. Respirar profundamente, inhalar el aroma de las hojas, del agua o de la tierra, es una forma de traer la presencia de ese ser querido al momento presente, de sentir que su esencia también respira a través de la naturaleza.

Las ceremonias de plantío se han utilizado durante siglos como un medio de honrar la vida y la memoria de quienes ya no están. Plantar un árbol o una flor en honor a un ser querido es un gesto que simboliza la continuidad y el renacer. A medida que la planta crece, el lector puede cuidar de ella como una forma de mantener viva la memoria de su ser amado, regándola con agua cargada de intenciones y pensamientos positivos. Cada nueva hoja, cada flor que se abre, se convierte en un testimonio de que la energía de ese ser sigue presente, transformándose y manifestándose de nuevas maneras. La elección de la planta no debe ser al azar; el lector puede elegir una que resuene con la personalidad o el espíritu del ser querido, como un rosal para una persona de alma romántica o un roble para alguien de espíritu fuerte y protector.

Otra práctica poderosa es la creación de mandalas naturales. Los mandalas, representaciones simbólicas del universo, pueden ser creados con elementos que el lector recoja de su entorno: hojas, flores, piedras, semillas. Esta actividad, más allá de lo artístico, se convierte en un ritual de conexión y reflexión. Al crear un mandala, el lector puede pensar en su ser querido, en los momentos compartidos y en los deseos de paz y serenidad que le gustaría enviar. Luego, puede dejar que el viento deshaga la forma del mandala o simplemente permitir que la naturaleza lo reintegre a su ritmo, como un símbolo de la aceptación de la transitoriedad de todas las cosas.

Los ríos y corrientes de agua ofrecen la posibilidad de rituales de liberación emocional. Escribir un mensaje a mano, una carta que contenga palabras no dichas, deseos o sentimientos que persisten, y luego soltarla en un río, puede ser un acto simbólico de entrega y liberación. El agua, en su eterno fluir, se lleva esas palabras hacia el misterio, permitiendo que el lector sienta que esas emociones han encontrado su curso natural. Este acto no solo simboliza el dejar ir, sino también la confianza en que el mensaje será llevado a donde deba ir, cruzando las fronteras entre lo visible y lo invisible.

Las ceremonias de fuego, realizadas de manera segura, también tienen un profundo poder transformador. Encender una pequeña hoguera al atardecer, con el cielo tornándose dorado y púrpura, y depositar en las llamas un papel con un mensaje de amor o gratitud, permite que el humo lleve las intenciones hacia el cielo. La llama, que transforma la materia en luz y calor, puede ser vista como un vehículo que eleva las palabras más allá de las nubes, alcanzando la esfera de lo intangible. Es importante que el lector enfoque su corazón en la intención, visualizando cómo ese fuego, que consume lo material, transforma la energía de su mensaje en algo puro y luminoso.

Para quienes prefieren la suavidad del aire, se puede realizar un ritual con plumas o cintas. El lector puede escribir el nombre de su ser querido o un mensaje breve en una cinta ligera, y luego atarla a una rama de un árbol cercano a su corazón. Cada vez que el viento haga danzar la cinta, es como si el mensaje volara libre, encontrando su camino en la corriente de aire. En cada brisa que toque el rostro, se puede sentir que esa persona amada responde, dejando que su esencia fluya con el viento, envolviendo al lector en un abrazo invisible.

El poder de la luna, ya mencionado anteriormente, también puede ser integrado en estas prácticas. Se sugiere realizar caminatas bajo la luz de la luna, especialmente durante la luna llena, cuando su luz baña la tierra con un resplandor que invita a la introspección. Caminar bajo la luna puede ser una experiencia meditativa, en la que el lector se permita sentir la conexión con el ciclo eterno de la luna y sus fases, recordando que la vida sigue un ritmo similar de crecimiento, plenitud y transformación. Al caminar, puede hablar mentalmente con su ser querido, sintiendo que la luz plateada que ilumina su camino también ilumina el vínculo que los une.

Cada una de estas prácticas, aunque sencilla, tiene el poder de transformar la percepción de la naturaleza en algo más que un entorno físico. Se convierte en un espacio sagrado, un espejo de lo que hay en el interior del lector, donde las emociones se reflejan y los mensajes se intercambian sin la necesidad de palabras. La tierra, el agua, el viento y el fuego no son solo elementos; son testigos del amor, de la pérdida y de la esperanza, y en su presencia eterna, el lector puede encontrar un consuelo que trasciende el tiempo y la distancia. En la conexión natural, la esencia de quienes amamos continúa vibrando, y a través de estos rituales, el lazo invisible se renueva, fortaleciendo la certeza de que el amor nunca desaparece, sino que se transforma, fluyendo a través de cada hoja que cae, cada ola que rompe y cada estrella que brilla en el cielo nocturno.

Capítulo 29
Aceptación y Continuidad

Aceptar la partida de un ser querido es, quizás, una de las tareas más desafiantes que enfrentamos como seres humanos. El vacío que dejan y la falta de su presencia física son realidades que nos confrontan con la fragilidad de la vida, con la certeza de que todo lo que comienza algún día también termina. Sin embargo, aceptar esta realidad no significa olvidar ni dejar de sentir. En cambio, se trata de un proceso profundo en el que aprendemos a encontrar la paz en la ausencia, a ver la continuidad de quienes amamos en los detalles más pequeños y a aceptar que, aunque ya no estén aquí de la misma manera, su esencia perdura en cada rincón de nuestra vida.

Uno de los primeros pasos para encontrar esta aceptación radica en cambiar la forma en que vemos la muerte. Muchas tradiciones espirituales nos enseñan que la muerte es una transición, una transformación de energía. La materia se disuelve, pero la esencia perdura, integrándose al gran flujo de vida que nos rodea. Así como una hoja cae de un árbol y se convierte en alimento para la tierra, nuestros seres queridos también regresan a esa energía primordial que nutre el universo. El viento que acaricia nuestro rostro, la calidez del sol en un día frío, el susurro de un río... todo puede ser un recordatorio de que esa energía continúa presente, aunque su forma haya cambiado.

El proceso de aceptación requiere tiempo y paciencia. Es un viaje sin un destino definido, donde cada día puede ser distinto del anterior. A veces, una canción o un aroma puede traer de vuelta una ola de nostalgia, y eso está bien. El lector debe permitirse sentir esa tristeza sin juzgarla, abrazando el hecho de que el amor y el dolor son dos caras de la misma moneda. Es en este punto donde la aceptación se entrelaza con la continuidad, porque al aceptar que esa tristeza es parte de nuestra experiencia humana, también abrimos espacio para sentir la presencia sutil de quienes amamos, de una manera más liviana y menos dolorosa.

La rutina diaria, que a menudo puede parecer fría y mecánica tras la pérdida, puede transformarse en un espacio para la conexión. Al preparar un café, al cuidar las plantas, al sentarse en un rincón especial de la casa... en cada uno de esos momentos, el lector puede invocar la memoria de su ser querido, invitando su energía a compartir esos instantes cotidianos. De esta manera, la vida cotidiana deja de ser un lugar donde se siente la ausencia para convertirse en un terreno fértil donde la presencia espiritual puede manifestarse de formas inesperadas y delicadas. Es un recordatorio de que la conexión no depende de grandes ceremonias, sino de la intención que ponemos en cada pequeño acto.

La práctica de la gratitud también juega un papel fundamental en este proceso de aceptación. Agradecer por los momentos vividos, por las lecciones compartidas y por el amor que se dio y se recibió, ayuda a transformar la perspectiva sobre la pérdida. En lugar de centrarse en lo que ya no está, el lector puede aprender a apreciar lo que sigue vivo en su corazón, en los recuerdos que han dejado una huella imborrable. Esta gratitud no es un acto de olvido, sino de reconocimiento del valor de lo vivido. Es como mirar un atardecer: sabemos que la luz se desvanecerá, pero eso no le quita belleza al cielo en ese momento. Del mismo modo, saber que nuestros seres queridos ya no están aquí no disminuye la belleza de todo lo que compartimos con ellos.

Aceptar la continuidad de la conexión espiritual implica también redefinir las expectativas sobre cómo esa conexión se manifiesta. Quizás ya no haya conversaciones largas y risas compartidas, pero puede haber un sentimiento repentino de paz, un sueño donde aparece una sonrisa, o incluso un simple suspiro que nos hace sentir que no estamos solos. Aprender a leer estos signos como una forma de presencia es fundamental para integrar el proceso de duelo a nuestra vida diaria. La comunicación con los seres queridos que han partido no es lineal; es un diálogo silencioso que se entrelaza con los latidos de la naturaleza y los ritmos de nuestra propia respiración.

La idea de continuidad también nos lleva a pensar en nuestro propio camino y en la manera en que los que se han ido nos siguen acompañando, guiándonos en nuestras decisiones y en nuestras reflexiones. El lector puede encontrar consuelo al recordar que, así como ellos dejaron huella en nosotros, nosotros también formamos parte de su historia. En cada acto de bondad que realizamos, en cada pensamiento de amor que cultivamos, seguimos honrando su memoria, convirtiéndonos en un reflejo de las enseñanzas y el amor que nos brindaron.

El acto de quemar la carta simboliza la transmutación de las emociones y el envío de los pensamientos al universo, permitiendo que se disuelvan en la energía del todo. Es una manera de soltar lo que ya no es necesario cargar, y al mismo tiempo, de liberar al ser querido de cualquier lazo emocional que pueda estar reteniéndolo. Este gesto sencillo y profundo ayuda a comprender que la despedida no significa olvidar, sino permitir que la energía siga su curso natural, transformándose en un nuevo tipo de presencia en nuestras vidas.

Otra práctica poderosa es la "Ceremonia de las Velas". En un momento de calma, el lector puede encender una vela y dedicar su luz a la memoria del ser querido, pronunciando palabras de agradecimiento. A medida que la llama arde, representa la chispa de la vida que continúa en otro plano, y al apagarse, simboliza la aceptación de que la forma física ha dado paso a algo más sutil y eterno. Este tipo de ritual puede realizarse en fechas significativas, como aniversarios o días especiales, renovando la intención de agradecer y cerrar el ciclo de forma amorosa.

Además de las cartas y las velas, se sugiere el uso de la naturaleza como canal para estos ritos de despedida. La plantación de un árbol en honor a la persona que partió es un acto simbólico cargado de vida y esperanza. A medida que el árbol crece, se convierte en un recordatorio tangible de la vida que sigue, de la energía que se renueva y que encuentra nuevas formas de manifestarse. Cada vez que el lector visite ese árbol, puede sentir la presencia de su ser querido en el susurro de las hojas y en la firmeza del tronco, un testimonio vivo de que la conexión trasciende el tiempo.

En este contexto, los ritos de despedida no son un final, sino un punto de inflexión. Son la oportunidad de transformar la tristeza en gratitud, de liberar lo que pesa en el alma y de reconocer que cada paso dado en el proceso de duelo ha sido un acto de amor. Al realizar estos ritos, el lector puede sentir cómo las energías se reconfiguran, cómo el dolor se suaviza y da paso a una paz que antes parecía inalcanzable. La despedida se convierte en un abrazo energético, en un puente que une lo visible con lo invisible, lo conocido con el misterio.

El papel de la gratitud es central en este proceso. Agradecer por las señales recibidas, por los sueños y las intuiciones que guiaron el camino, fortalece la creencia de que el vínculo permanece más allá de la forma física. La gratitud tiene el poder de elevar la energía del lector, transformando la pérdida en una fuente de fortaleza y permitiendo que la memoria del ser querido se convierta en un faro de luz que ilumina cada nuevo día. De esta forma, cada acción cotidiana puede ser un homenaje silencioso, una manera de mantener vivo el legado de quienes amamos.

En el cierre de este libro, los ritos de despedida y agradecimiento no son el final de la conexión espiritual, sino una invitación a integrarla de manera más sutil y serena en la vida diaria. Dejar ir se convierte en una expresión de amor y de confianza en que, más allá de todo, el amor siempre encuentra un camino para perdurar. Así, el lector se despide, pero al mismo tiempo, se queda con la certeza de que la conexión espiritual se ha transformado en una suave melodía que lo acompaña siempre, como un susurro que le recuerda que nada verdaderamente amado se pierde para siempre, sino que se convierte en una parte inseparable del alma.

Epílogo

Al llegar al final de este viaje, la percepción que llevas en tu ser no es la misma que cuando comenzaste. Las palabras de este libro han sido más que un relato sobre el mundo espiritual; han sido un recordatorio suave de que los lazos que nos conectan con aquellos a quienes amamos no se rompen con el paso del tiempo. Solo se transforman, asumen nuevas formas, más sutiles y silenciosas, como la brisa que acaricia el rostro en una tarde de otoño.

Ahora, al cerrar estas páginas, sabes que la conexión con aquellos que se han ido siempre está al alcance de tu corazón, en un susurro que resuena en el silencio de las noches, en los sueños que traen sonrisas antiguas y en los recuerdos que calientan el pecho. La naturaleza, con sus ciclos de renacimiento y muerte, sigue enseñando que todo es parte de un movimiento mayor, una danza eterna entre lo visible y lo invisible, entre la luz y la sombra.

Lo que has descubierto aquí no es un final, sino un comienzo. Es el despertar de una conciencia que ya estaba adormecida en tu interior, esperando el momento adecuado para florecer. Las prácticas que has aprendido, los rituales que has rescatado, son herramientas para que puedas seguir honrando esa relación con lo que trasciende, para que puedas abrir las puertas de tu ser a esas presencias que, de alguna forma, siempre estarán a tu lado.

Cada vez que sientas el toque sutil del viento, que escuches el murmullo de las hojas o que veas la llama de una vela danzando con el aire, recuerda: ellos están más cerca de lo que imaginas. Ellos escuchan tus pensamientos, perciben tu amor y responden con señales que solo un corazón atento puede entender. La comunicación no se da solo en las palabras dichas, sino en el silencio compartido, en los gestos que reverberan a través de las dimensiones.

Permite que estas experiencias se integren a tu vida cotidiana, que cada práctica se convierta en un tributo al amor que perdura. Porque, en el fondo, este libro trata de eso: del amor que atraviesa el tiempo y el espacio, de la certeza de que, incluso cuando las manos ya no pueden tocarse, hay una forma de extender el corazón y alcanzar lo que creíamos perdido.

Mientras la última palabra se dibuja en la página, comienza un nuevo viaje. Un viaje que depende de ti, de cómo elijas aplicar lo que has aprendido, de cómo abrirás tu corazón al misterio y a la belleza de vivir entre dos mundos. Porque la verdadera sabiduría está en reconocer que, incluso en medio de la partida, la luz de quienes amamos siempre encuentra una forma de brillar en nuestra vida, como un faro que nunca se apaga. Que esta luz guíe tus pasos y que, en cada amanecer, sientas que, dondequiera que estén, aquellos a quienes amas siguen a tu lado, en un abrazo que trasciende la eternidad.

www.ingramcontent.com/pod-product-compliance
Lightning Source LLC
LaVergne TN
LVHW040145080526
838202LV00042B/3030